훅

일상을 사로잡는
제품의 비밀

훅

Hooked

일상을 사로잡는
제품의 비밀

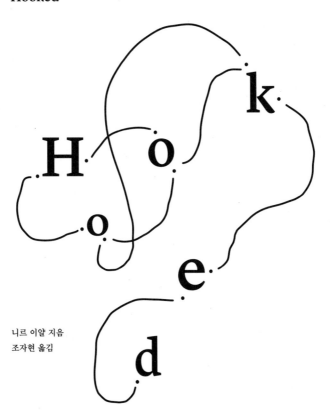

니르 이얄 지음
조자현 옮김

유엑스리뷰

줄리에게 이 책을 바친다.

CONTENTS

Part 2.

훅 1단계: 트리거
무엇이 우리를 움직여 제품을 사용하게 하는가

Part 3.

훅 2단계: 행동
당신이 의도한 대로 사용자가 행동하게 하라

Part 4.

Part 5.

들어가며

훅, 제품이 습관이 되는 4단계 과정

아침에 눈을 뜬 지 15분 이내에 스마트폰을 확인하는 사람의 비율이 79퍼센트에 이른다고 한다.[1] 이보다 더 놀라운 사실은 스마트폰 없이 사느니 차라리 섹스를 포기하겠다고 답한 미국인이 무려 3분의 1이나 된다는 것이다.[2]

2011년 미국의 한 대학이 조사한 결과, 사람들이 하루 동안 자신의 핸드폰을 확인하는 횟수는 평균 34회였다.[3] 하지만 관련 업계에서는 실제로 이 수치가 150회에 육박할 것으로 추산했다.[4]

맞다. 인정할 것은 인정하자! 우리는 핸드폰에 완전히 사로잡혀 있다.

우리가 사용하는 첨단 기술은 완전한 중독까지는 아니더라도 일종의 강박으로 향해가고 있다. 우리는 메시지 알림 소리가 울릴 때마다 곧바로 확인해야 한다는 충동을 느낀다. 유튜브, 페이스북,

트위터 같은 SNS만 하더라도 잠깐만 보다 나와야지 하고 생각하지만 한 시간 후에도 여전히 거기에 매달려 있게 될 정도로 모든 정신이 팔려 있다. 이렇게 하루 종일 사로잡히는 욕구인데도 우리는 그 충동을 거의 알아차리지 못한다.

인지심리학자들은 습관을 두고 "상황 신호로 유발되는 자동적인 행동"이라고 정의 내린다.[5] 즉 의식적인 사고 활동과는 거의 혹은 전혀 무관하게 일어나는 행동으로 본다. 우리가 습관적으로 사용하는 제품이나 서비스는 해당 디자이너가 의도한 대로 우리의 일상 행동을 바꿔놓는다.[6] 우리의 일상적인 행동은 모두 그렇게 해서 만들어진 것이다.

스크린에 몇 가지 코드를 띄운 것에 지나지 않은 제품과 그 제품을 제작하는 회사는 어떻게 사용자의 사고를 조종하는 걸까? 몇몇 제품들이 어떻게 사용자의 습관을 유도해내는 걸까?

사용자의 습관을 형성하는 일을 생존의 필수 요건으로 삼은 제품들이 의외로 많다. 사용자의 관심을 사로잡으려는 수많은 자극이 쉴 새 없이 밀려드는 오늘날의 상황에서 기업들은 사용자의 마음속에 계속 의미 있는 존재로 남기 위해 자신만의 독창적인 방법을 찾으려고 몸부림친다. 요즘과 같은 경쟁 시장에서는 수백만 명의 사용자를 확보하는 것만으로는 충분치 않다. 많은 기업이 자사의 경제적 가치가 자사의 제품이 사용자 습관을 만드는 힘과 깊은 상관관계가 있음을 뼈저리게 실감하고 있다. 소비자의 충성도를 높이고 소비자가 정기적으로 사용하는 제품을 만들기 위해 기업은 소비자가 좋아하고 그들이 지속적으로 구매하도록 이끄는 방법을 정확히 파악해야 한다.

　이런 현실에 이제야 눈뜬 기업들도 있지만, 이를 활용해서 이미 엄청난 수익을 거두고 있는 기업들도 있다. 이 책에 소개된 기업들은 사용자 습관을 형성할 줄 아는 제품들을 완벽하게 디자인해서 자신들의 제품을 사용자의 삶에 없어서는 안 될 소중한 보물로 만들었다.

성공한 제품은 사람들의 머릿속에
가장 먼저 떠오르는 것

　이처럼 강력하게 사용자 습관을 형성한 제품을 소유한 기업들은 수익 측면에서도 여러 이점을 누리게 된다. 이런 기업들의 제품에는 '내부 트리거internal trigger'라는 것이 존재한다. 그래서 외부에서 따로 유도하지 않아도 사용자들이 제 발로 찾는다.

　사용자 습관을 형성하는 일에 성공한 기업들은 많은 비용이 드는 마케팅 활동에 의존하지 않는다. 대신 자신들의 제품이나 서비스를 사용자의 일상적인 행동이나 감정과 잘 연결시킨다.[7] 우리가 조금만 심심하면 곧바로 SNS에 접속하는 것도 습관의 위력 때문이라 볼 수 있다. 외롭다고 느끼면 어떤 이성적인 사고가 일어나기도 전에 어느새 페이스북에 올라온 새 글 목록을 읽고 있다. 또 한 가지 의문점이 생기면 그것에 대해 생각해보기도 전에 곧바로 구글 검색창에 입력하기 시작한다. 이렇게 머릿속에 가장 먼저 떠오르는 것이 우리의 일상 행동을 지배하고 있다. 1장에서 사용자 습관을 만드는 제품의 경쟁 우위성에 대해 자세히 살펴보기로 한다.

제품은 어떤 식으로 사용자 습관을 창조해낼까? 정답은 바로 이거다. "제품 자체가 습관을 만들어낸다!" 〈매드 맨Mad Man〉이라는 TV 드라마의 팬이라면 미국의 광고 업계가 황금기를 누리던 때에 광고 회사들이 소비자의 욕구를 자극하던 방식에 익숙하겠지만 이미 그런 시대는 지나갔다. 광고가 넘쳐나 소비자들이 항상 경계심을 늦추지 않는 시대에는 〈매드 맨〉의 주인공 돈 드레이퍼처럼 광고에 거액을 쏟아 부으며 소비자를 세뇌시키는 방식이 아주 유명한 브랜드 외에는 별로 효과를 거둘 수 없다.

오늘날에는 소규모 신생 기업들도 내가 '훅Hook'이라고 명명하는 일련의 활동을 통해 사용자의 행동을 얼마든지 바꿀 수 있다. 사용자들이 그런 활동을 더 빈번하게 경험할수록 '제품'이 '습관'이 될 가능성은 높아진다.

나를 사로잡은 훅 모델

2008년 나를 포함한 몇몇의 스탠퍼드 경영대학원 출신들이 모여 회사를 설립했다. 실리콘 밸리의 아주 유능한 투자자 몇 사람의 지원을 받았는데 회사의 사업 목표는 급성장하는 온라인 소셜 게임 속에 광고가 올라가는 플랫폼을 만드는 것이었다.

오프라인에서는 광고주들이 자신들의 제품을 사람들이 구입하게 하려고 거액의 광고비를 쏟아 붓고 있었지만 일부 유명 온라인 기업들은 디지털 농장에서 가상의 소를 팔아 수십억 달러의 수익을 거두고 있었다. 솔직히 처음에는 나도 그런 상황이 잘 이해가 되지 않았다.

"저런 회사들은 도대체 뭘 어떻게 하는 거지?"

같은 업계에서 활동하고 있었지만 절로 감탄이 나올 정도였다.

당시 나는 사람들의 사고를 조종하는 활동에 절대적으로 의존하는 두 산업의 교차 지점에 있었다. 나는 그때부터 제품이 어떻게 사람의 행동을 바꾸고 때로는 강박까지 만드는지에 집중하게 되었다.

'이런 회사들은 어떤 식으로 사용자의 행동을 유도하는 걸까?'

'잠재적 중독성을 지닌 제품을 개발하는 일에 윤리적인 문제는 없는 걸까?'

무엇보다도 사용자 경험을 아주 매력적으로 만드는 요소들을 사람들의 삶을 개선하는 제품 개발에 그대로 적용할 수 있을지가 가장 중요했다.

그렇다면 사용자 습관을 만드는 청사진을 어디에서 찾을 수 있을까? 실망스럽게도 나는 어디에서도 그 이정표를 찾을 수 없었다. 행동을 설계하는 일에서 두각을 나타낸 기업들은 그 비결을 전혀 공개하지 않았다. 또 이 주제와 관련된 책이나 정부 보고서, 블로그 글들은 조금 있었지만 습관을 만드는 제품을 개발하기 위한 비결은 보이지 않았다.

결국 나는 사용자 경험 디자인의 패턴과 그 기능을 알아내기 위해 다양한 회사에서 내가 관찰한 내용들을 문서화하기로 했다. 업체마다 독특한 특성이 있기는 하지만 습관을 만드는 제품을 이용해 성공한 기업들의 이면에 존재하는 공통점을 찾아내고, 반대로 그것에 실패한 기업들이 간과한 점을 찾는 일에도 집중했다.

학계로도 눈을 돌려 소비자 심리학, 인간-컴퓨터 상호작용HCI, 행동경제학 분야의 연구들을 적극적으로 활용했다. 그리고 2011년, 그때까지 발견한 사실들을 공유하기 위해 나는 소규모 신생 기업부터 〈포춘〉 500대 기업에 이르는 다양한 실리콘 밸리 기업들을 대상으로 컨설팅 사업NirAndFar.com을 시작했다.

나는 기업들을 통해 내가 정립한 이론을 테스트하고 새로운 통찰을 얻으면서 나 자신의 사고를 보다 정교하게 다듬을 수 있었다. 그리고 여기서 얻은 내용들을 내 개인 블로그에 기록했다. 얼마 후 내 블로그 글들이 다른 사이트들에 게재되었고, 그 글을 읽은 사람들이 자신이 관찰한 내용과 사례를 올리기 시작했다.

2012년 가을, 나는 바바 시브 박사와 함께 스탠퍼드 경영대학원에서 '인간의 행동에 영향을 미치는 과학'이라는 강의를 개설해 학생들을 가르쳤다. 이듬해에는 스테프 하비프 박사와 함께 하소 플래트너 디자인 연구소Hasso Plattner Institute of Design에서 비슷한 강의를 진행했다.

연구 결과와 실제의 경험을 완벽하게 결합한 이 시기를 거쳐 탄생한 것이 바로 훅 모델Hook Model, 즉 기업들이 사용자 습관을 형성하는 데 활용하는 4단계 과정이다. 성공적인 제품들은 거액의 광고나 공격적인 메시지에 의존하지 않고도 이 훅 모델을 연속

훅Hook 모델

적으로 반복함으로써 사용자의 재구매와 자발적 참여라는 궁극적 목표를 이룰 수 있다.

이 책은 내가 주로 활동하는 첨단 기술 업계의 사례를 많이 다루지만 훅 모델은 앱, 스포츠, 영화, 게임, 심지어 우리가 근무하는 직장에 이르기까지 도처에서 만날 수 있다. 그리고 우리의 마음과 지갑을 파고드는 온갖 경험에서도 훅 모델을 쉽게 찾아낼 수 있다. 그렇다면 이 책의 기본적인 틀인 훅 모델의 4단계 과정을 간략하게 살펴보자.

훅 1단계: 트리거trigger

행동이 이루어지도록 하는 '트리거'는 엔진의 점화 플러그 역할을 한다.[8] 트리거는 크게 '내부 트리거'와 '외부 트리거'로 나뉜다.

습관을 만드는 제품은 처음에는 사용자들에게 이메일이나 웹사이트 주소 링크, 스마트폰의 앱 아이콘 같은 외부 트리거를 통해 사용자의 주의를 환기시킨다.

한 예로, 펜실베이니아 주에 사는 바브라라는 젊은 여성의 페이스북에 사진 한 장이 새로 올라왔다고 해보자. 펜실베이니아 주의 시골 마을에 사는 그녀의 친척이 찍어 올린 이 사진에는 그곳의 아름다운 풍경이 담겨 있다. 바브라는 오빠 조니와 함께 그곳으로 여행을 떠날 계획을 세우고 있었으므로 그런 외부 트리거는 행동 개시의 요구와 함께 그녀의 호기심을 자극해서 사진을 클릭하게 한다. 그런 다음 훅 모델의 4단계 과정을 연속적으로 반복하면 사용자의 기존 행동이나 감정과 밀접한 관련이 있는 내부 트리거들이 연결 고리를 만들기 시작한다.

사용자가 스스로 의식하지 못하는 사이에 다음 행동에 대한 신호가 보내지면 새로운 습관이 일상적 행동으로 자리 잡게 된다. 바브라는 사람들과 관계를 맺고 싶은 자신의 욕구를 페이스북과 연관 짓기 시작한다. 2장에서 내부 및 외부 트리거를 살펴보고 제품 디자이너들이 가장 효과적인 트리거를 어떤 식으로 결정하는지를 소개한다.

훅 2단계: 행동action

트리거 단계의 다음은 '행동'이다. 여기서는 보상을 기대하고 하는 행동을 말한다. 페이스북에 올라온 흥미로운 사진을 클릭하는 단순한 행동이 바브라를 핀터레스트Pinterest라는 '메모판 형식

의 사진 공유 사이트'로 이끈다.[9]

3장에서 자세히 다루는 훅 모델의 '행동' 단계에서는 제품이 어떤 식으로 사용자 행동을 유발하는지 설명하기 위해 사용성 디자인 기술 및 과학 분야에 많이 의존한다. 기업들은 사용자가 행동할 가능성을 높이기 위해 인간 행동의 기본 촉진 요인 두 가지를 적극 활용한다. 바로 행동의 수월성과 그 행동에 대한 심리적 동기다.[10]

일단 바브라가 사진을 클릭하는 간단한 행동을 하고 나면 그녀는 그다음 펼쳐지는 화면에 매혹당할 것이다.

훅 3단계: 가변적 보상variable reward

훅 모델의 4단계 과정이 일반적인 피드백 사이클과 가장 크게 다른 점은 무엇일까? 일반적인 피드백 사이클과 달리 훅 모델은 사용자의 열망을 만들 수 있다. 하지만 우리 주위에서 흔히 발견되는 피드백 사이클은 뒤에 벌어질 상황을 충분히 예측할 수 있기 때문에 우리의 욕망을 자극하지 못한다. 냉장고 문을 열면 불이 들어온다. 전혀 놀랄 것 없는 이런 반응으로는 냉장고 문을 계속 열게 하지 못한다. 하지만 여기에 몇 가지 가변성을 추가한다면? 예를 들어, 냉장고 문을 열 때마다 매번 색다른 음식이 '짠' 하고 마술처럼 나타난다면? 그러면 사람들은 아주 강한 호기심을 느낄 것이다.

'가변적 보상'은 기업이 사용자를 유혹하려고 사용하는 아주 강력한 도구 중 하나다. 이에 관해서는 4장에서 보다 자세히 설명하겠다. 과학자들에 따르면, 보상을 기대하면 두뇌 속 신경전달물질인 도파민의 분비량이 급증한다고 한다.[11] 여기에 가변성을 추가

하면 그 효과가 몇 배로 증대되면서 뭔가에 집중하는 상태에 빠진다. 그리고 뇌에서 결핍이나 욕망과 관련된 부위가 활성화되고 판단과 이성을 관장하는 부위는 억제된다.[12] 슬롯머신과 복권이 그 고전적 사례로 꼽히지만 가변적 보상은 지금도 수많은 사례에서 습관을 만드는 제품에 널리 사용되고 있다.

핀터레스트에 접속한 바브라는 자신이 의도한 사진만 보는 데서 그치지 않는다. 눈이 휘둥그레질 정도로 아름다운 다른 수많은 사진들도 함께 보게 된다. 거기에는 그녀가 원래부터 관심을 가졌던 것, 즉 앞으로 여행을 떠날 펜실베이니아의 시골 마을과 관련된 것을 비롯해 그녀의 시선을 사로잡는 다른 이미지들도 많을 것이다. 관련 있는 것과 관련 없는 것, 욕구를 자극하는 것과 수수한 것, 아름다운 것과 평범한 것 등이 아주 효과적으로 배치된 핀터레스트를 경험하면서 그녀의 도파민 분비 체계는 보상에 대한 기대로 한껏 들뜬다.

이제 그녀는 핀터레스트에 오랜 시간 머물며 다른 멋있는 이미지들을 찾아 계속 여기저기를 탐색한다. 전혀 의식하지 못한 사이에 시간이 벌써 45분이나 지났는데도 그녀는 계속해서 화면의 스크롤바를 움직인다.

4장에서는 어느 정도 시간이 흐르면 왜 특정 경험에 대한 사람들의 흥미와 관심이 결국 시들해지는지, 가변성이 사람들의 관심을 계속 붙잡아두는 데 어떤 영향을 미치는지에 대해 살펴본다.

훅 4단계: 투자investment

훅 모델의 마지막 단계는 '투자'다. 여기서 사용자는 약간의 일을 벌인다. 이 단계는 사용자가 훅 모델을 또다시 경험할 가능성을 확대시킨다. 사용자는 시간이나 데이터, 노력, 사회적 자본, 금전 같은 것들을 서비스나 제품에 투입하면서 투자 활동을 펼치게 된다.

하지만 여기서 하는 투자는 사용자의 금전적 지출이 아니라 다음번에 경험하게 될 서비스의 수준을 더욱 높이는 일이다. 친구를 초대하고, 좋아하는 것에 대해 대화하고, 가상의 자산을 모으고, 새로운 사용법을 익히는 일이 모두 사용자가 다음번 사용 경험을 향상시키기 위해 하는 투자 활동이다. 이런 투자 활동은 훅 모델을 한 번씩 거칠 때마다 '트리거'를 더욱 매력적으로 바꾸고, '행동'을 더욱 쉽게 해주고, '보상'을 더욱 흥미진진하게 한다. 5장에서는 투자 활동이 어떤 식으로 훅 모델을 연속적으로 반복하도록 사용자들을 자극하는지를 살펴본다.

바브라가 핀터레스트에 올라온 수많은 사진들을 계속 넘겨보며 즐거운 시간을 보내는 동안 그녀는 자신에게 즐거움을 제공하는 것들을 소장하고 싶다는 열망을 키우게 된다. 그리고 특정 아이템들을 수집하는 식으로 해당 사이트에 자신의 선호도에 관한 데이터를 계속 제공하게 된다. 머지않아 그녀는 이 사이트를 또다시 방문해 많은 시간을 보내며 투자 활동을 할 것이다. 그리고 그녀의 그런 행동은 이 사이트와의 관계를 강화하며 훅 모델을 통해 미래와의 연결 고리를 준비하게 한다.

우리에게 다가온 새롭고 거대한 슈퍼파워

습관을 만드는 기술은 이미 우리 곁에 와 있고 우리 삶에 엄청난 영향력을 미치고 있다. 스마트폰, 태블릿PC, TV, 게임 콘솔, 그밖에 몸에 착용하는 첨단 기기 등 다양한 방식으로 인터넷에 접속할 기회도 크게 확대되었다. 이런 변화는 기업들이 우리 행동에 영향력을 미칠 수 있는 기회가 그만큼 많아졌다는 얘기다.

기업들은 이렇게 확대된 연결 고리를 과거보다 빨라진 고객 데이터의 수집, 조사, 처리 능력과 결합시키고 있고, 우리는 모든 것이 잠재적으로 습관이 될 수 있는 세상에서 살게 되었다. 실리콘밸리의 유명 투자가 폴 그레이엄이 언젠가 이렇게 말했다.

"이런 것들을 만들어내는 첨단 기술의 진보가 일반 첨단 기술의 진보와 다른 법률의 적용을 받지 않는 한, 40년 후에는 지난 40년보다 훨씬 중독성이 강한 세상이 도래할 것이다."[13]

6장에서는 이와 같은 새로운 현실에 대해 이야기하고 이런 조종 활동의 윤리적 측면을 설명한다. 최근 내 블로그를 다녀간 한 독자가 이메일을 보내왔다.

"사악한 목적에 사용될 수 없다면 그것은 슈퍼파워라고 할 수 없습니다."

옳은 말이다. 그리고 이런 관점에서 봤을 때 습관을 만드는 제품을 창조하는 것이야말로 진짜 슈퍼파워 활동이라고 할 수 있다. 무책임하게 사용될 경우 나쁜 습관은 좀비처럼 어리석은 중독으로 순식간에 변질될 수 있다.

앞에서 언급한 바브라와 조니가 누구인지 혹시 눈치 챈 사람이 있을까? 아마 좀비 영화의 광팬이라면 쉽게 알아차렸을 것이다. 이 두 사람은 공포 영화의 고전 격인 〈살아 있는 시체들의 밤Night of the Living Dead〉에 등장하는 주인공 이름이다. 영화에서 그들은 자신의 의지와 상관없이 이상한 힘이 이끄는 대로 행동한다.[14]

좀비 장르는 많다. 게임 〈레지던트 이블〉, TV 드라마 〈워킹 데드〉, 영화 〈월드 워 Z〉 등을 떠올리면 좀비의 매력이 그대로 느껴진다. 그런데 사람들이 좀비에 열광하는 이유는 뭘까? 어쩌면 사회 곳곳에 퍼져 있고 예전보다 더 설득력 있는 첨단 기술의 거침없는 발달 속에서 자신도 모르는 사이에 조종당할 수 있다는 불안과 공포를 느끼는지도 모른다.

그런 두려움이 존재하는 것은 사실이지만 우리는 모든 좀비 영화에 등장하는 영웅들과 조금도 다르지 않다. 처음에는 위협을 느껴도 결국에는 좀비보다 더 강력한 힘을 발휘한다는 얘기다. 나는 습관을 만들어내는 제품들이 잃는 것보다 얻는 것이 훨씬 많다는 사실을 알았다. 저명한 연구자들인 리처드 탈러, 캐스 선스타인, 존 발즈는 '선택 설계choice architecture'라는 개념을 설명하면서 사람들의 의사 결정과 행위의 결과에 영향을 미칠 만한 방법들을 소개했다.

하지만 궁극적으로 그 방법들도 사람들이 스스로 판단해 보다 나은 선택을 하도록 조금씩 유도하는 일에 사용되어야 한다.[15] 내가 이 책에서 하려는 이야기도 사람들이 오래전부터 하고 싶었지만 해결책을 몰라서 못 한 일들을 실현시켜줄 제품 개발에 관한 것이다.

이 책을 통해 전 세계 수십억 명의 생활에 영향을 미칠 혁신가와 기업가에게 거대하고 새로운 힘을 불어넣어주고 싶다. 나는 접근성, 데이터, 속도라는 세 가지 요소의 결합이 긍정적인 습관을 만드는 데 더없이 완벽한 기회를 제공한다고 믿는다. 잘만 활용하면 첨단 기술은 사람들의 관계를 좋게 바꾸고, 우리 자신을 더 똑똑하게 하고, 생산적이고 건전한 행동을 하게 함으로써 삶을 향상시켜줄 것이다.

혹 모델은 우리가 매일 습관적으로 사용하는 다양한 제품과 서비스의 디자인 이면에 어떤 성공의 비결이 숨어 있는지를 자세히 알려줄 것이다. 방대한 양의 학계 연구 자료를 일일이 살펴보지는 못했지만 혹 모델이 습관을 바람직한 방향으로 사용하려는 기업가와 혁신가에게 실질적인 수단(이론적인 수단이 아니라)이 되도록 하자는 게 이 책의 목표다. 나는 이 책에서 가장 타당성 있는 연구를 소개하고 실행 가능한 통찰을 공유함으로써 혁신가들의 성공 가능성을 높이는 실질적인 틀을 제시하려고 노력했다.

혹 모델은 사용자의 문제와 기업의 해결책을 자주 연결시켜 습관으로 자리 잡게 해줄 것이다. 나는 사람들에게 특정 제품이 우리의 일상 행동을 어떤 식으로 변화시키는지를 알려주고 우리 자신에 대해 좀 더 깊이 있게 이해할 기회를 제공하고자 한다.

이 책을 활용하는 방법

각 장의 마지막에 중요한 요점들을 정리했다. 그 내용을 잘 살펴보고 필요한 것을 공책에 기록하거나 SNS에 공유한다면 각자 읽은 내용을 진지하게 생각하고 되돌아보고 보완하는 데 많은 도움이 될 것이다.

습관을 만들어내는 제품을 개발하고자 하는 사람이라면 각 장의 뒤에 나오는 '지금 해야 할 일'이 다음 단계로 가는 데 유익한 길잡이가 되어줄 것이다.

○ 습관은 의식적인 사고가 거의 혹은 전혀 이루어지지 않는 상태에서 하게 되는 행동이다.

○ 접근성, 데이터, 속도가 사용자 습관을 만드는 일을 보다 쉽게 한다.

○ 사용자 습관을 만드는 일에 성공한 기업은 엄청난 경쟁 우위성을 확보한다.

○ 훅 모델은 사용자의 문제와 해결책을 자주 연결시켜 하나의 습관으로 자리 잡을 수 있게 하는 프로세스다.

○ 훅 모델은 '트리거', '행동', '가변적 보상', '투자'라는 4단계로 이루어진다.

Part 1

왜 기업은 사용자 습관을
지배해야 하는가

나는 조깅을 할 때마다 정신 줄을 놓곤 한다. 내 몸이 무슨 행동을 하는지 전혀 생각하지 않은 채 내 마음이 다른 어딘가를 배회한다는 소리다. 그러면서 기분이 느긋해지고 상쾌해진다. 이렇게 매주 세 번씩 나는 아침 시간에 조깅을 한다. 그런데 얼마 전 아침에 해외 고객과 전화 통화를 할 일이 생겼다.

'걱정할 필요 없어. 대신 저녁에 뛰면 되지 뭐.'

이렇게 생각했지만 운동 시간대가 바뀌면서 그날 저녁 나는 몇 가지 이상한 행동을 했다.

땅거미가 질 무렵 나는 조깅을 하려고 집을 나섰다. 쓰레기를 내놓기 위해 밖으로 나온 여성 앞을 막 지나치려고 할 때였다. 나와 눈이 마주친 그녀가 미소를 지었다. 나는 공손하게 "좋은 아침입니다!"라고 인사했다. 순간 '아차!' 싶었다.

"아, 그게 아니라 좋은 저녁이죠! 죄송합니다!"

항상 뛰던 시간에서 열 시간이나 흘렀다는 사실을 깨닫고 나는 즉시 실수를 바로잡았다. 그녀는 눈살을 찌푸리며 억지 미소를 지었다.

나 역시 약간 당황스러웠고 내 머리가 시간대를 전혀 의식하지 못하고 있다는 사실을 알았다. 다시는 그러지 말자고 스스로에게 주의를 주었다. 그러나 채 몇 분이 지나지 않아 조깅을 하는 다른 누군가와 마주쳤고, 마치 뭔가에 홀린 사람처럼 다시 말을 뱉었다.

"좋은 아침입니다!"

도대체 왜 이랬을까?

조깅을 마치고 돌아와 여느 때처럼 샤워를 하면서도 내 마음은 또다시 어딘가를 배회하기 시작했다. 사실 이런 일은 샤워할 때도 자주 있었다. 내 머릿속의 자동 조종 장치에 전원이 켜지면 그때부터 나는 내 행동을 전혀 의식하지 못하고 매일같이 반복하는 행위들을 자동적으로 한다.

면도기 칼날에 얼굴을 베이고 나서야 내가 지금 턱에 잔뜩 거품을 바른 채 면도를 하고 있음을 깨달았다. 물론 매일 아침 하는 일이긴 하지만 굳이 저녁에까지 할 필요는 없는 행동이었다. 그런데도 나도 모르는 사이에 면도를 하고 있었던 것이다.

아침에 하던 조깅을 저녁에 할 때도 나의 행동을 관장하는 몸속 명령 체계가 작동해 늘 그렇듯이 조깅에 따르는 활동들을 수행하라고 나의 몸에 지시를 내렸다. 모든 일이 철저히 무의식 상태에서 일어났다. 몸에 밴 습관, 즉 의식적인 사고가 거의 혹은 전혀 일어나지 않은 상태에서 하게 되는 행동들이다. 그리고 이렇게 우리

의 일상적인 행동의 절반가량이 습관에 의해 유도된다.[1]

습관은 두뇌가 복잡한 행동들을 터득하는 하나의 방법이다. 신경학자들에 따르면, 습관이 인간의 무의식적인 행동을 관장하는 두뇌의 기저핵 속에 자동 반응들을 저장해두기 때문에 우리는 다른 뭔가에 집중할 수 있다.[2]

습관은 두뇌가 손쉬운 방법을 택하면서 다음 할 일에 대해 더이상 활발한 사고가 일어나지 않을 때 만들어진다.[3] 자기가 맞닥뜨린 상황을 해결해주는 행동들을 두뇌가 재빨리 익히고 체계화해 버리는 것이다.

한 예로, 손톱을 물어뜯는 것은 의식적인 사고 활동이 거의 혹은 전혀 따라오지 않는 행동이다. 처음에는 보기 흉한 손거스러미를 없앤다는 특별한 이유가 있어서 손톱을 물어뜯었을 수 있다. 하지만 의도한 목적이 전혀 없는 상태에서 단순히 어떤 신호로 자동 반응이 일어났다면 그 행동은 습관이 통제한 것이다. 계속해서 손톱을 물어뜯는 사람들을 보면 스트레스 같은 불쾌한 기분 상태가 그 행동을 무의식적으로 촉발하는 경우가 많다. 손톱을 물어뜯는 행위가 그로 인한 일시적 안도감과 깊이 연결될수록 조건반응을 바꾸는 건 더욱 힘들어진다.

손톱을 물어뜯는 행동과 마찬가지로 우리가 일상적으로 내리는 의사 결정 중 상당수는 과거에 같은 방법으로 문제를 해결한 적이 있어서 그런 결정을 한 것이다. 어떤 결정이 과거에 효과적이었고, 그래서 이번에도 확실한 선택이 될 거라고 두뇌가 자동 추론하면 그 행동은 하나의 습관으로 굳어진다.

내가 조깅을 할 때 내 두뇌는 도중에 만나는 다른 사람과의 시선 교환을 "좋은 아침입니다"라는 일상적인 인사말과 계속 연관 지었다. 그래서 시간대에 맞지 않는 부적절한 인사말인데도 나도 모르게 입으로 내뱉은 것이다.

습관을 잘 만드는 사람이
사업도 성공할 수 있다

만약 두뇌 속에 프로그래밍된 행동들이 우리의 일상생활을 그처럼 많이 유도한다면 습관의 위력을 활용하는 것은 분명 사업 활동에도 아주 요긴할 수 있다. 정말 효과적으로 습관을 만들 수 있는 사람에게는 습관이 수익 증대에 아주 효과적인 도구가 된다는 뜻이다.

습관을 만드는 제품은 사용자의 행동을 변화시키고 사용자의 자발적 참여를 이끌어낼 수 있다. 물론 목적은 공개적으로 구매를 촉구하는 광고나 판촉 활동에 기대지 않고 사용자가 자신의 의지로 특정 제품을 반복 사용하도록 하는 것이다. 일단 사용이 습관으로 굳어지면 줄을 서서 기다릴 때 무료한 시간을 때우고 싶어 하듯 사용자는 일상을 보내면서 특정 제품을 저절로 사용하게 된다.

하지만 앞으로 살펴볼 활동의 틀과 이행 방법들은 만능 해결책도 아니고 모든 사업이나 산업에 적용할 수 있는 것도 아니다. 기업가들은 사용자의 습관이 자사의 특정 사업 모델과 목표에 어떤 영향을 미치는지 검토해야 한다. 성공을 거두기 위해 사용자의 습관을 만드는 일에 의존해야 하는 제품도 있지만 모든 제품이 다 그런 건 아니기 때문이다.

어쩌다 한 번씩 구입하거나 사용하는 제품 혹은 서비스의 경우 습관성 사용자가 별로 필요하지 않다. 적어도 매일같이 사용하는 것이 아니라는 점에서 그렇다. 생명보험 회사는 소비자가 보험에 가입하도록 유도하기 위해 영업 사원, 광고, 구두 소개 및 추천을 적극 활용한다. 하지만 일단 보험에 가입하면 고객이 해야 할 일은 더 이상 존재하지 않는다.

내가 이 책에서 주로 언급하는 제품이나 서비스는 지속적이고 자발적인 사용자 참여가 필요하다. 그래서 사용자 습관을 유도해야 하는 기업들과 관련된다. 그렇기 때문에 다른 방법으로 고객의 행동을 유도해야 하는 기업은 가급적 배제했다.

습관이 형성되는 메커니즘을 살펴보려면 그것이 사업에서 차지하는 보편적인 중요성과 경쟁력 있는 이점부터 먼저 이해할 필요가 있을 것 같다. 습관을 만드는 것은 다음과 같은 몇 가지 점에서 사업 활동에 아주 유익하게 작용한다.

회사를 오래 먹여 살릴 고객생애가치

경영대학원에서는 미래 수익의 총액이 곧 사업의 가치라고 가르친다. 이것은 투자자들이 특정 회사 주식의 적정 가격을 계산하는 기준이 되기도 한다.

최고경영자를 비롯한 경영진들은 주식의 가치를 얼마나 높일 수 있는지를 기준으로 능력을 평가받는다. 그렇기 때문에 해당 기업의 잉여현금흐름 창출 능력에 많은 관심을 기울인다. 주주의 입장에서 보면 경영진이 하는 일은 매출을 확대하거나 경비를 축소함으로써 미래의 수익을 증대시킬 전략들을 실행에 옮기는 것이다.

사용자 습관을 유도하는 것은 고객생애가치customer lifetime value를 끌어올려 회사의 가치를 증대시키는 데 아주 효과적인 방법이다. 여기서 고객생애가치란 한 명의 고객이 다른 경쟁 업체의 제품을 구입하거나 해당 제품의 사용을 중단하거나 사망하기 전까지, 그 고객으로부터 벌어들이게 되는 총액이다. 사용자 습관은 특정 제품의 사용 기간과 빈도를 늘리기 때문에 고객생애가치도 그만큼 더 상승한다.

어떤 제품들은 고객생애가치가 아주 높다. 신용카드의 경우 고객들은 아주 오랫동안 특정 카드를 계속 사용한다. 그렇기 때문에 신용카드 회사들은 신규 고객을 확보하는 데 상당한 비용을 투입하기를 마다하지 않는다. 카드를 하나 더 만들거나 기존 카드를 업그레이드하도록 유도하기 위해 공짜 선물부터 항공사 보너스 마일리지에 이르기까지 다양한 판촉 행사를 벌이는 것도 모두 이런 이유 때문이다. 한마디로 당신이 가진 잠재적 고객생애가치가 신용카드 회사의 마케팅 투자 활동을 정당화한다.

일단 사용자 습관이 형성되면
가격을 조정하기도 쉽다

유명한 투자가이자 버크서 해서웨이의 최고경영자 워런 버핏이 언젠가 이런 말을 한 적이 있다.

"가격을 인상하며 겪는 극도의 고통을 일정 기간 지켜보면 그 회사의 강점을 판단할 수 있다."[4]

버핏과 그의 사업 파트너 찰리 멍거는 어떤 제품이 소비자의 일상생활의 일부로 자리 잡으면 고객들은 점점 더 그 제품에 의존하고 더 이상 가격에 민감하게 반응하지 않는다는 사실을 발견했다. 두 사람은 씨즈캔디See's Candies, 코카콜라 같은 기업에 대한 자신들의 투자 근거로 그런 소비자의 심리를 꼽았다.[5] 소비자의 습관이 기업의 가격 인상에 더 많은 유연성을 부여한다는 사실을 정확히 꿰뚫어본 것이다.

예를 들어, 부분 유료화 비디오 게임 업계에서는 사용자들이 지속적이고 습관적으로 게임을 하기 전까지 요금 지불 요구를 최대한 자제하는 것이 일반적인 관행이다. 게임에 대한 강박이 자리를 잡기 시작하고 게임의 레벨을 높이고 싶은 욕망이 커지면 사용자를 유료 고객으로 전환하기가 훨씬 쉬워지기 때문이다. 사실 게임 사업의 진짜 수익은 가상 아이템, 생명 추가, 특별한 무기를 판매하는 데서 발생한다.

2013년 12월, 주로 모바일 기기에서 실행되는 게임 캔디크러쉬 사가Candy Crush Saga를 5억 명 이상이 다운로드했다. 이 게임은 부분 유료화Freemium 모델을 통해 일부 사용자를 유료 고객으로 전환하는 데 성공하면서 매일 100만 달러에 육박하는 순수익을 거두었다.[6]

이런 패턴은 다른 서비스에서도 발견된다. 사람들 사이에서 많은 인기를 끄는 메모장 소프트웨어 에버노트Evernote를 보자. 이 소프트웨어는 무료 사용을 기본으로 하지만 오프라인 상태에서 내용을 보거나 공동 작업을 할 수 있는 수준 높은 기능은 유료로 제공한다. 그리고 많은 열성 사용자가 유료 기능에 기꺼이 사용료를 지불한다.

에버노트 최고경영자 필 리빈은 무료 사용자를 수익 창출 고객으로 전환한 방법과 관련해서 몇 가지 흥미로운 사실을 들려주었다.[7] 2011년 리빈은 훗날 '스마일 그래프Smile Graph'로 불릴 도표 하나를 발표했다. Y축에는 회원으로 등록한 사용자 수를, X축에는 에버노트 서비스 사용 시간을 표시했다. 이 도표는 초기에는 사용 시간이 급락하지만 이 서비스를 사용하는 습관이 형성되면 사용 시간이 급상승한다는 점을 보여주었다. 그 결과 도표상에서 내려 갔다가 올라가는 곡선이 스마일 모양을 이루면서 이 도표의 트레이드마크가 되었다. 덕분에 에버노트의 최고경영자도 이 곡선처럼 활짝 웃게 되었음은 두말할 필요도 없다.

그뿐만 아니라 서비스 사용 시간이 증가하면서 고객들의 지불 의사도 점점 강해졌다. 리빈은 첫 달에는 사용자의 0.5퍼센트만 유료 서비스를 이용했지만 시간이 흐르면서 이 비율이 점점 증가했다는 사실에 주목했다. 33개월째에 이르자 사용자의 11퍼센트가 사용료를 지불했고, 42개월째가 되자 무려 26퍼센트의 사용자가 과거에 무료였던 서비스를 돈을 내고 사용하기 시작했다.[8]

사용자가 다른 사용자를
불러들이면 게임 끝

사용자가 계속해서 특정 제품의 가치를 발견하게 되면 자신의 친구들에게 그 제품을 이야기할 가능성이 높아진다. 자신도 자주 사용하면서 다른 친구들에게도 제품을 사용해보라고 권하고 소개하면서 입소문을 낼 기회가 더 많아진다. 특정 제품의 매력에 사로잡힌 사용자는 점점 제품의 전도사가 된다. 그렇게 사용자가 자발적으로 홍보 활동에 나서준다면 해당 회사는 별도의 비용을 들이지 않고도 신규 사용자를 많이 끌어모을 수 있게 된다.

사용자 참여도가 높은 제품은 경쟁 제품보다 더 빨리 성장할 잠재력이 커진다. 아주 적절한 사례가 있다. 페이스북(2021년 사명을 '메타'로 변경했다—옮긴이)은 SNS 사업에 비교적 늦게 뛰어들었는데도 마이스페이스MySpace, 프렌드스터Friendster와 같이 쟁쟁한 경쟁 업체들을 제치고 업계 1위로 올라섰다. 마크 저커버그가 대학생들끼리의 폐쇄적인 소통 문화를 뛰어넘은 페이스북 서비스를 개시했을 때, 다른 두 경쟁 업체는 이미 견실한 성장률을 기록하며 수백만 명의 사용자를 확보한 상태였다. 그런데도 저커버그의 회사가 업계 선두 자리를 차지했다.

페이스북의 성공은 부분적으로는 내가 '다다익선'의 원칙이라고 부른 활동의 결과이기도 하다. 사용 빈도가 높아지면 점점 더 입소문을 타게 되고, 그러면서 사용자가 더 많이 늘어나는 것이다. 첨단 기술 업계의 기업가에서 벤처 캐피털리스트로 변신한 데이비드 쇼크의 지적처럼 "성장률을 높이는 가장 중요한 요인은…… 입소문이 순환하는 시간"이다.[9] 입소문이 순환하는 시간이란, 사용자가 또 다른 사용자를 불러들이는 데 걸리는 시간의 총량으로 아주 엄청난 파급 효과를 지닌다. 쇼크는 이렇게 주장했다.

"예를 들어, 입소문이 순환하는 시간이 이틀일 경우, 20일이 지나면 20,470명의 사용자가 생긴다. 그러나 이런 순환 시간이 절반으로 줄어 하루라면 사용자는 2,000만 명 이상으로 늘어나게 된다. 논리적으로 보면 이런 순환이 더 많이 이루어질수록 더 좋아진다. 하지만 정확히 얼마만큼 더 좋아지는지는 명확히 파악할 수 없다."

날마다 특정 서비스를 방문하는 사용자 비율이 더욱더 높아지면 입소문도 더 빨리 퍼지는데 그 이유는 두 가지다. 첫째, 날마다 해당 서비스를 이용하는 사람들은 사람들과의 연결 고리를 더 빈번해지게 한다(페이스북 사진으로 친구를 태깅하는 것을 생각해보라!). 둘째, 매일같이 해당 서비스를 열성적으로 이용하는 사람이 많은 것은 그들의 초대에 응하는 사람들이 그만큼 많아지는 것을 의미한다. 입소문의 순환은 그런 활동이 계속 일어나게 하고 사용자의 참여도를 높이면서 그 활동에 점점 가속도를 붙인다.

사용자 습관은 일종의 기업 경쟁력

사용자 습관은 일종의 기업 경쟁력이라고 할 수 있다. 고객의 일상생활을 변화시키는 제품은 다른 경쟁 업체들의 공격에도 별로 민감하게 반응하지 않는다.

고객들이 기존 제품에 등을 돌릴 정도로 자신들의 제품이 혁신적이고 훌륭하기를 기대하면서 다른 회사들의 제품보다 조금 더 나은 제품을 만들려는 기업가들이 많다. 그러나 이렇게 순진한 기업가들은 머지않아 더 좋은 제품이라고 해서 항상 성공을 거두는 것은 아니라는 사실을 뼈저리게 실감하게 될 것이다. 무엇보다 소비자가 행해온 오랜 습관을 깨부수어야 하는데, 대다수 사용자들이 경쟁 업체의 제품을 계속해서 사용해온 경우라면 더더욱 그럴 수밖에 없다.

하버드 경영대학원에서 마케팅을 가르치는 존 구어빌 교수는 자신의 대표적인 논문에 이런 내용을 명기한 바 있다.

"수많은 혁신 제품이 시장에서 실패하는 이유는 소비자가 기존 제품을 비이성적으로 과대평가하고, 기업이 자사의 신제품을 비이성적으로 과대평가하기 때문이다."[10]

구어빌 교수는 신생 기업들이 성공의 기회를 잡기 위해서는 좀 더 나은 제품이 아닌 9배 정도는 뛰어난 제품을 선보여야 한다고 주장한다. 그러면 성공의 문턱이 그렇게나 높은 이유는 무엇일까? 오래된 습관은 깨부수기 힘들고, 습관에서 벗어날 만큼 사용자를 강하게 흔들어놓을 획기적인 성능을 제공해야 하기 때문이다. 구어빌 교수는 상당한 수준의 행동 변화를 요구하는 제품은 그것을 사용했을 때 얻게 되는 이점이 아무리 분명하고 많다 해도 실패할 수밖에 없다고 강조했다.

내가 지금 이 글을 쓰는 데 사용하고 있는 기계 역시 기존의 다른 제품들보다 여러 면에서 성능이 떨어진다. 이제는 골동품이 된 타자기에 쓸 목적으로 1870년대에 처음 개발된 쿼티 자판 말이다. 쿼티는 초기 타자기의 금속 활자판이 서로 엉키는 것을 막기 위해 자주 사용하는 알파벳들을 가급적 멀리 배치해놓은 자판이다.[11] 당연하게도 이런 물리적 제약은 오늘과 같은 디지털 세상에서는 시대착오적인 이야기처럼 들릴 수도 있겠다. 하지만 훨씬 개선된 자판들이 등장한 지금까지도 쿼티 자판은 여전히 표준 자판으로 남아 있다.

예를 들어, 오거스트 드보락August Dvorak 교수가 설계한 자판의 경우, 모음을 가운데 열에 배치해서 타이핑의 속도와 정확도를 크게 신장시켰다. 하지만 1932년에 특허까지 출원했던 이 '드보락 간소화 자판'은 오늘날 거의 자취를 감추고 말았다.

쿼티 자판이 오늘날까지 살아남을 수 있었던 이유는 (이미 습관으로 굳어진) 사용자 행동을 바꾸는 데 너무 많은 비용이 들기 때문이다. 자판이라는 물건을 처음 접할 때 우리는 닭이 모이를 쪼듯 한 손가락이나 두 손가락으로 한 번에 하나씩 키를 누른다. 하지만 몇 달간 연습을 하고 나면 우리의 사고 작용에 반응해서 모든 손가락을 자유롭게 사용하는 법을 익힌다. 그러면서 머릿속에서 화면으로 자연스럽게 단어가 흐르기 시작한다. 그러나 아무리 효율적이라고 하더라도 전혀 익숙하지 않은 자판으로 바꾸려면 타자를 치는 법을 처음부터 다시 배워야 한다. 하지만 누가 그 수고로움을 감수하면서까지 자판을 바꾸려고 하겠는가.

5장에서 논의하겠지만 사용자는 습관을 만들어내는 제품에 가치를 저장함으로써 더욱더 그것에 의존하게 된다. 그러면 다른 제품으로 바꿀 가능성이 그만큼 줄어들 수밖에 없다. 예를 들어, 구글의 지메일로 주고받은 메일은 무기한 보관이 가능하므로 사용자는 자신의 과거 이메일을 영구히 보관할 수 있다. 트위터의 신규 팔로워는 사용자의 영향력을 키워주고 그들의 커뮤니티에 메시지를 전달하는 능력을 증대시켜준다. 인스타그램에 올린 추억과 경험은 매번 디지털 스크랩북에 추가된다.

특정 이메일 서비스, SNS, 사진 공유 앱을 사용하는 사람들이 많아질수록 사용자는 다른 경쟁 업체로 전환하는 일이 점점 어려워진다. 이런 서비스 안에서 형성되고 저장되는 이동 불가능한 가치들이 해당 서비스의 사용자들을 다른 곳으로 옮겨가지 못하게 단단히 붙잡기 때문이다.

이처럼 사용자 습관은 결국 회사의 투자수익률 증가로 이어진다. 더 높은 고객생애가치와 가격 책정의 유연성, 입소문으로 보다 강력해지는 성장성 등 경쟁력을 강화하는 요소들이 한데 어우러지면 회사의 투자 대비 효과가 더욱더 상승한다.

사용자의 사고를 독점하는
제품을 개발하라

사용자 습관은 운 좋게 그것을 개발한 회사에게는 더할 나위 없이 요긴할 것이다. 하지만 기존 시장을 무너뜨리고자 하는 새로운 혁신 기술이나 신생 기업에게는 성공의 걸림돌로 작용할 수밖에 없다. 실제로도 오랜 사용자 습관을 바꾸는 데 성공한 사례는 극히 드물다.

행동의 변화를 일으키는 것은 어떤 행동을 하도록 설득하는 방법을 안다고 해결될 문제가 아니다. 즉 어떤 웹페이지를 처음 방문하도록 설득하는 데서 그치지 않고, 앞으로 오랫동안, 아니 앞으로 평생 동안 그 방문을 반복하게 하는 것이 이상적인 방법일 것이다.

사용자 습관을 만드는 데 성공한 기업들의 뒤에는 판도를 바꿀 만큼 대대적인 성공을 거둔 혁신이 버티고 있을 때가 많다. 그러나 여타 활동들과 마찬가지로 습관을 설계하는 일에도 어떤 제품이 사람들의 생활을 변화시키고 또 변화시키지 못하는지 그 이유를 명확히 규정하고 설명해줄 만한 규칙과 주의사항이 존재한다.

인간의 뇌는 자꾸 예전의 사고 방식이나 행동 방식으로 회귀하려는 경향이 강하다. 그래서 새로운 행동은 모두 짧은 반감기를 거친다. 연구 결과에서도 새로운 행동에 길들여진 실험용 동물들에게서 시간이 흐르자 원래의 행동으로 돌아가려는 경향이 보이기도 했다.[12] 회계 용어를 빌려 설명하자면, 행동은 후입선출後入先出(가장 나중에 발생한 데이터를 가장 먼저 처리하는 것이다—옮긴이)이라고 할 수 있다. 바꿔 말하면 가장 나중에 만들어진 습관이 가장 먼저 사라진다는 말이다.

이것은 오래된 습관일수록 거의 변하지 않는다는 사실을 강력하게 뒷받침한다. 재활 치료를 마친 알코올 중독자 중 3분의 2 정도는 1년도 안 되어 다시 술을 입에 대기 시작하면서 오랜 습관으로 되돌아간다.[13] 또 다이어트를 통해 살을 뺐다 해도 대부분 2년 이내에 다시 원래의 체중으로 돌아간다는 연구 결과도 있다.[14]

새로운 습관을 형성하는 데 가장 큰 적은 과거의 행동이다. 여러 연구로 알 수 있다시피 오랫동안 몸에 밴 습관은 여간해서는 사라지지 않는다. 신경 연결 통로가 뇌 속에 깊이 아로새겨져 있기 때문에 우리는 일상적으로 하는 행동을 바꾸는 데 성공해도 조금만 방심하면 언제든지 다시 예전의 행동으로 돌아갈 수 있다.[15] 이것은 특히 새로 형성한 습관을 바탕으로 신규 제품이나 사업을 구상하는 제품 디자이너들에게는 힘겨운 도전이 될 수밖에 없다.

새로운 행동이 우리의 일상 속에서 제대로 자리를 잡으려면 아주 빈번하게 일어나야 한다. 영국의 유니버시티 칼리지 런던UCL의 연구자들이 치실질 습관화 실험을 한 적이 있다. 실험해본 결과 새로운 행동이 보다 빈번하게 일어날수록 더 강력한 습관이 형성되는 것으로 나타났다.[16] 치실질처럼 특정 제품을 자주 사용하는 행동의 경우, 특히 단기간에 걸쳐 새로운 일상 행동으로 자리 잡을 가능성이 아주 높다.

구글의 검색 기능 역시 빈번한 행동을 통해 사용자 습관을 형성하고 구축한 대표적인 서비스다. 구글이 습관을 만드는 서비스이고, 당신이 구글을 빈번하게 사용하는 사람이라는 사실에 의구심이 든다면 검색 서비스를 빙Bing으로 바꿔보라. 직접 비교라는 점에서 이 두 서비스의 익명 검색 효과는 거의 비슷하다.[17] 구글의 천재들이 빙보다 좀 더 빠른 알고리즘을 완벽하게 만들었다 할지라도 실제로 얼마만큼의 시간이 절약되는지는 로봇이나 미스터 스팍Mr. Spock(영화 〈스타 트렉〉에 등장하는 허구적 캐릭터다—옮긴이)이 아닌 이상 정확히 감지하기 힘들다. 물론 1,000분의 몇 초도 중요하겠지만 그것만으로는 사용자를 유혹할 수 없다.

그렇다면 구글 사용자들이 검색 서비스를 빙으로 바꾸지 않는 이유는 무엇일까? 한마디로 습관이 사용자의 충성도를 유지하기 때문이다. 구글 인터페이스에 익숙한 사용자가 검색 서비스를 빙으로 전환하려면 인지적인 노력이 필요하다. 빙이 여러 가지 면에서 구글과 비슷하다고 해도 픽셀의 배열이 조금만 바뀌면 예비 사용자는 해당 사이트의 새로운 상호작용 방법을 익혀야 한다. 구글과 다른 빙의 인터페이스에 적응하기 위해 그렇게 의식적인 노력을 기울이다 보면 구글에 익숙한 사람은 검색 속도가 떨어지고, 결국 사용자는 첨단 기술 자체가 아니라 빙의 서비스 수준이 낮다고 느낄 것이다.

인터넷 검색은 수시로 일어나는 활동이다. 그렇기 때문에 구글은 습관화된 사용자의 머릿속에 유일한 해결책으로 공고히 자리 잡을 수 있었다. 사용자들은 구글을 사용할지 말지 더 이상 고민하지 않고 곧바로 구글로 들어가 검색을 한다. 게다가 요즘은 추적 기술을 이용해 해당 사용자의 성향을 파악할 수 있어서 보다 정확하고 맞춤화된 정보 제공이 가능해졌고 검색 결과도 더욱 향상되었다. 그 결과 사용자와 구글 검색 엔진의 관계는 점점 더 강화되고 있다. 해당 서비스를 더 많이 사용할수록 더욱더 개선된 알고리즘이 만들어지고, 그럴수록 사용자는 더 자주 사용하게 되는 것이다. 이렇게 습관으로 유도하는 행동의 선순환은 결국 구글의 시장 지배로까지 이어졌다.[18]

아마존이 사용자 습관을
'전략'으로 바꾼 이야기

치실질이나 구글 검색처럼 빈번하게 일어나지 않아도 습관으로 형성되는 행동도 있다. 빈번하지 않은 행동을 습관으로 만들기 위해서는 즐거움을 얻거나 고통을 피하는 데서 발생하는 높은 유용성을 사용자가 인지해야 한다.

아마존을 예로 들어보자. 이 온라인 소매업체는 전 세계 어디에서나 원스톱 쇼핑이 가능한 것을 목표로 내세운다. 사용자 습관을 만드는 일에 자신감을 내비친 아마존은 자사의 사이트에서 직접적인 경쟁 관계에 있는 제품들을 판매하고 광고를 게재하기 시작했다.[19] 고객들은 종종 자신이 구입하려고 했던 제품이 더 저렴한 가격으로 올라온 것을 발견하고는 해당 사이트에서 구입하기 위해 아마존 사이트를 나간다. 누군가에게는 이 이야기가 실패의 지름길처럼 들릴 수 있다. 그러나 아마존에게는 아주 예리한 사업 전략으로 작용한다.

아마존은 경쟁 업체의 광고 게재를 통해 수익을 거둘 뿐 아니라 다른 업체들의 마케팅 비용을 이용해 쇼핑객들의 머릿속에 하나의 습관을 형성하고 있다. 아마존이 추구하는 목표는 사람들이 빈번하게 겪는 가장 큰 불편함을 해결해주는 것이다. 고객들은 각자가 원하는 품목을 찾기 위해 이곳저곳 들어갈 필요 없이 한곳에서 모든 것을 해결하고 싶어 한다.

보다 저렴한 가격의 제품을 찾고 싶어 하는 쇼핑객들의 욕구를 해결해줌으로써 아마존은 자사의 사이트에서 구매가 이루어지지 않더라도 고객의 충성도를 확보한다. 그리고 그 과정에서 사람들의 머릿속에 믿을 만한 전자상거래 사이트라는 강한 인식을 심는다. 2003년에 실시된 한 연구에서 이런 전략의 효과가 입증되었다. 경쟁 업체의 가격 정보를 제공했을 때 해당 온라인 소매업체에 대한 고객들의 선호도가 훨씬 높아진 사실이 나타난 것이다.[20] 자동차보험 회사인 프로그레시브Progressive 역시 이 전략을 사용해서 그 전까지는 겨우 34억 달러에 불과했던 연간 보험료 매출을 150억 달러 이상으로 끌어올릴 수 있었다.

사용자가 가격을 비교한 후 구매할 수 있게 함으로써 아마존은 고객들에게 자사 사이트의 유용성을 강하게 인지시켰다. 아마존에서의 구매가 구글 검색만큼 빈번한 활동은 아니지만, 거래 한 건 한 건을 성공적으로 해내고 싶어 하는 고객들의 구매 욕구에 기본적인 해결책을 제공함으로써 아마존은 자신의 위상을 확고히 정립할 수 있었다. 아마존에서 손쉽게 비교 쇼핑이 가능하기 때문에 오프라인 상점에 가서도 가격 확인을 위해 아마존의 모바일 앱을 수시로 사용하는 사람들이 많다. 그리고 구매는 경쟁관계에 있는 소매업체에서 한다.[21]

사용자 습관을 만드는 두 가지 요소

기업은 자신들의 제품이 사용자 습관을 만들 만한 잠재적 가능성을 판단할 때 두 가지 요소를 활용할 수 있다. 하나는 빈도 frequency(해당 행위가 빈번하게 일어나는 정도)이고, 다른 하나는 인지된 유용성perceived utility(사용자가 타사 제품보다 그 유용성을 인지하는 정도)이다.

구글 검색은 날마다 빈번하게 일어나는 활동이지만 검색 서비스의 수준 자체는 빙 같은 경쟁 업체보다 조금 더 나을 뿐이다. 반대로 아마존 쇼핑은 구글 검색만큼 자주 일어나는 행동은 아니지만 사용자는 '모든 것이 다 있는' 아마존에 들어가면 필요한 제품을 모두 찾을 수 있다는 것을 알기에 높은 가치를 부여한다.[22]

그림에서 보다시피 충분한 빈도로 일어나고 그 유용성이 인지되는 행동은 '습관의 영역'으로 들어가 기본적인 행동이 된다. 만약 두 요소 가운데 한 가지라도 부족해서 해당 행동이 경계의 아래쪽에 머문다면 아무리 원해도 그 행동은 습관이 될 가능성이 낮다.

여기서 주목할 것은 곡선이 아래쪽을 향해 기울어지지만 절대 가로축, 즉 인지된 유용성 축에 맞닿지는 않는다는 사실이다. 일어나는 빈도가 충분하지 않아서 습관으로 형성되지 못하는 행동들도 있다. 유용성이 아무리 높아도 빈번하게 일어나지 않는 행동은 계속 의식적인 행동에 머무를 뿐 습관의 주된 특징인 자동적 반응을 만들어내지는 못한다. 하지만 세로축, 즉 빈도를 나타내는 축은 유용성에 대한 인지도가 아주 낮은 행동이라도 빈번하게 일어나면 습관이 될 수 있음을 보여준다.

그림은 일종의 길잡이로 소개하는 것이므로 가로축, 세로축의 눈금 표시는 일부러 하지 않았다. 기업들에게는 안타까운 일이지만, 현재까지 실시된 어떤 연구도 행동이 습관으로 전환되는 보편적 기간을 밝혀내지는 못했다. 한 연구에 따르면 어떤 습관은 몇 주 만에 형성되기도 했지만, 또 어떤 습관은 습관으로 굳어지는 데 5개월이 넘게 걸리기도 했다.[23] 또한 연구자들은 행동의 복잡성과 습관의 중요도 역시 얼마나 빨리 일상적 행동으로 굳어지느냐에 많은 영향을 미친다는 사실을 발견했다.

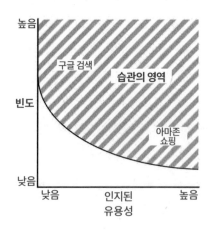

"어느 정도가 충분한 빈도인가?"라는 물음에 답해줄 만한 규칙이 거의 존재하지 않아 지금으로서는 사업과 행동에 따라 다르다는 말밖에 할 수가 없다. 하지만 앞서 언급한 치실질 연구에서처럼 빈도가 높을수록 긍정적인 것만은 분명하다.

사용자 습관을 만들 것 같은 제품과 서비스를 한번 머릿속에 떠올려보라. 그런 것들은 대부분 하루에 여러 번은 아니더라도 매일같이 사용하는 것일 수 있다. 지금부터는 우리가 그런 것들을 그토록 빈번하게 사용하는 이유에 대해 살펴보도록 하자.

당신이 지금 개발하는 제품은 비타민인가, 진통제인가

사실 새로운 제품이나 서비스를 출시하는 일은 그리 어렵지 않다. 문제는 새로운 시도들이 대부분 실패로 끝난다는 데 있다. 그렇다면 그 이유는 무엇일까? 제품이 시장에서 실패하는 이유는 여러 가지일 수 있다. 회사의 자금력이 부족하거나, 제품을 시장에 너무 일찍 혹은 너무 늦게 선보였거나, 해당 제품이 시장의 요구와 부합하지 않았거나, 해당 기업이 그냥 생산을 포기해서일 수 있다.

이렇게 실패의 이유가 여러 가지인 것처럼 성공의 이유 역시 다양하다. 하지만 시장에서 성공을 거둔 혁신적인 제품들에는 한 가지 공통점이 있다. 사용자의 문제를 해결해주었다는 것이다. 아주 분명해 보일 수도 있지만 새로운 제품이 해결해주는 문제의 종류를 이해하는 일은 실제로는 많은 논의가 필요하다.

"당신이 지금 개발하고 있는 제품은 비타민인가, 진통제인가?"

많은 투자자들이 첫 투자를 이끌어내려고 기를 쓰는 회사 설립자들에게 가장 많이 묻는 질문이자, 이제는 거의 진부하게 들리는 질문이다. 대다수 투자자의 관점에서 볼 때 그들이 원하는 대답은 후자, 즉 진통제에 해당한다는 말일 것이다.

마찬가지로 크고 작은 회사의 신제품 개발자들은 항상 자신의 아이디어가 엄청난 시간과 돈을 쏟아 부을 가치가 있는지 입증해보라는 요구에 직면한다. 진통제 유형을 지지하는 투자자들과 관리자들은 진짜 문제를 해결할 수 있는, 즉 눈앞의 요구를 당장 충족시키는 제품에 투자하고 싶어 한다.

진통제에 해당하는 제품은 특정한 고통을 줄이고 분명하게 드러나는 욕구를 해결하며 정량화할 시장이 있는 점이 특징이다. 아세트아미노펜의 브랜드 이름이자 확실한 고통 경감을 약속하는 타이레놀을 생각해보자. 타이레놀은 사람들이 기꺼이 돈을 지불하려고 하는 문제에 초점을 맞춘 완벽한 해결책이다.

반대로 비타민에 해당하는 제품은 분명하게 드러나는 문제점을 반드시 해결해주지는 않는다. 그래서 기능적 측면보다 사용자의 심리적 측면에 호소할 때가 많다. 아침마다 복합비타민을 복용하지만 그것이 실제로 우리를 더 건강하게 해주는지는 확실히 알수 없다. 실제로 어떤 연구는 복합비타민 섭취가 득보다 실이 더 많을 수 있다는 결과를 보여주기도 했다.[24]

그러나 우리는 이런 사실에 별로 신경 쓰지 않는다. 사실이 그렇지 않은가. 우리가 비타민을 섭취하는 이유는 효능 때문이 아니다. 비타민 알약을 먹는 것은 물리적 완화보다 심리적 완화의 측면에서 우리가 '꼬박꼬박 챙기는 활동 목록' 중 하나일 뿐이다. 우리가 하는 행동이 실제로 우리 몸에 얼마나 좋은지 확인할 수 없다고 해도 몸을 위해 유익한 행동을 하는 데서 만족감을 느끼는 것이다.

없으면 견딜 수 없는 진통제와 달리, 휴가 여행 때 비타민을 깜빡하고 못 챙겨서 며칠 복용하지 못했다고 심각한 문제가 생기는 건 아니다. 그렇다면 투자자들과 관리자들은 정확히 맥을 짚은 걸까? 어쩌면 비타민 대신 진통제를 만드는 쪽이 더 바람직한 선택일지도 모른다. 하지만 꼭 그렇다고 단정 지을 수도 없다.

인기 있는 몇몇 첨단 기술 기업들을 떠올려보라. 페이스북, 트위터, 인스타그램, 핀터레스트 같은 기업 말이다. 그들이 판매하는 것은 어느 쪽일까? 비타민일까, 진통제일까? 재빨리 다른 사람들의 확인과 인정을 받고 싶다는 것 외에는 특별히 중요한 행동이라고 여기지 않기 때문에 사람들은 대부분 비타민 쪽에 가깝다고 생각할 것이다. 그렇다면 그 서비스를 처음 사용하기 이전으로 돌아가 생각해봐야 한다. 그때는 한밤중에 자다 말고 일어나 이렇게 외치는 사람은 없었을 것이다.

"업데이트를 할 뭔가가 필요하단 말이야!"

그러나 다른 수많은 혁신 제품들과 마찬가지로 일상생활의 일부로 자리 잡기 전까지는 사람들이 그런 것들이 필요하다는 생각 자체를 하지 못했다. 세계적으로 크나큰 성공을 거둔 몇몇 첨단 기술 제품들이 비타민인지 진통제인지를 논의하기에 앞서 생각해볼 명제가 있다.

"어떤 행동을 하지 않을 때 약간의 고통을 느낀다면 그 행동을 습관으로 볼 수 있다."

우선 경영대학원과 마케팅 서적에서 빈번하게 사용되는 '고통'이라는 단어가 약간은 과장되어 있다는 사실부터 명확히 할 필요가 있다. 실제로 우리가 이야기하는 그 느낌은 '고통'보다 '가려움'에 더 가깝다. 머릿속에 분명히 존재하고 충족되기 전까지 불편함을 유발하는 감정이다. 그리고 우리의 습관을 만든 제품들은 그런 감정을 약간 완화시켜주는 것에 불과하다. 가려움을 해결하기 위해 첨단 기술 제품을 사용하면 그것을 무시했을 때보다 더 빨리 만족감을 느낀다. 이렇게 한번 의존하기 시작하면 다른 어떤 것도 대신할 수 없게 된다.

비타민인지 진통제인지를 묻는 질문에 굳이 대답을 해야 한다면 습관을 만드는 제품은 두 가지 모두에 해당한다고 할 수 있다. 이런 제품들도 처음에는 비타민처럼 꼭 먹어야 하는 것은 아니지만 먹으면 좋은 것이었다. 그러나 일단 습관으로 굳어지면 진통제처럼 꼭 필요한 것이 된다.

모든 생명체에게는 즐거움을 추구하고 고통을 회피하려는 본능이 있다. 그래서 이 본능이 어떤 행동의 주된 동기 유발 요인으로 작용하는 경우가 많다. 불편함을 느낄 때 우리는 그 불편한 느낌에서 벗어나고 싶어진다. 사용자가 해결책을 향해 손을 뻗을 때 감정, 특히 부정적 감정은 어떤 영향을 미칠까? 이 문제는 다음 장에서 자세히 다루고 지금은 하나만 기억해두자. 습관을 만드는 제품은 사용자의 머릿속에서 연상 작용을 일으키고, 사용자는 제품에서 고통에 대한 해결책을 찾을지도 모른다!

8장에서 이런 조종의 윤리적 측면에 대해 이야기한다. 하지만 여기서 분명히 짚고 넘어갈 점이 있다. 어떤 사람들은 동의어처럼 사용하기도 하지만 습관과 중독은 다르다는 것이다. 중독은 어떤 행동이나 물질에 대해 지속적, 강박적으로 의존하는 현상으로, 엄밀히 말해 자기 파괴적 행동이라고 할 수 있다. 그러므로 사용자를 중독으로 몰아가고 그 상태를 계속 유지하게 하는 것은 아주 무책임한 행동이다. 왜냐하면 그런 제품과 서비스는 사람들에게 의도적으로 해를 입히기 때문이다.

반면 습관은 사람들의 생활에 긍정적인 영향을 미칠 수 있는 행동이다. 물론 습관 중에는 건전한 것도 있고 그렇지 않은 것도 있다. 당신이 매일같이 하는 행동 중에는 유익한 습관도 있을 것이다. 당신은 오늘 이를 닦았는가? 샤워를 했는가? "고맙습니다"라는 말로 감사의 마음을 표현했는가? 아니면 나처럼 저녁에 조깅을 하면서 "좋은 아침입니다"라고 인사했는가? 이처럼 거의 혹은 전혀 생각하지 않고 일상적으로 하게 되는 행동들이 바로 습관이다.

***

그럼 이제 긍정적인 사용자 습관을 만드는 일에 대해 배울 준비가 되었는가? 앞으로 이 책을 읽으면서 혹 모델에 대한 이해가 깊어지면 이것이 고객의 문제와 당신 회사가 제시한 해결책을 빈번하게 연결시켜 습관으로 형성시켜줄 간단하면서도 강력한 방법이라는 사실을 깨닫게 될 것이다.

앞으로 우리는 여러 장에 걸쳐 훅 모델의 각 단계를 자세히 살펴보게 된다. 그 속에서 당신 회사의 제품이나 서비스를 디자인할 때 적용할 만한 사례들도 함께 소개할 것이다. 두뇌의 작동 원리와 관련해서 몇 가지 기본 원칙들을 배우고 나면 효과적인 제품을 보다 신속하게 개발하는 데 많은 도움이 될 것이다.

훅 모델은 트리거, 행동, 가변적 보상, 투자라는 4단계의 반복 순환을 통해 사용자 습관을 만들도록 이끌어줄 것이다.

기억하고 공유해야 할 사항

○ 어떤 사업에는 사용자 습관을 만드는 일이 성공의 필수 요
건이 되지만 모든 사업에 사용자의 습관적 참여가 필요한
것은 아니다.

○ 강력한 사용자 습관을 만드는 데 성공할 경우 몇 가지 이점
을 누리게 된다. 즉 고객생애가치, 가격 책정의 유연성이 더
욱 커지고 성장성과 경쟁력이 더욱 강화된다.

○ 사용자 습관은 '습관의 영역' 밖에서는 만들어질 수 없다.
그리고 습관의 영역 안에서 충분한 '빈도'와 '인지된 유용
성'이 결합되어야 습관으로 굳어질 수 있다.

○ 사용자 습관을 만드는 제품은 처음에는 마치 비타민처럼 있
으면 좋은 것이지만, 일단 습관으로 자리 잡으면 그때부터는
진통제처럼 꼭 있어야 하는 것으로 바뀌는 경우가 많다.

○ 사용자 습관을 만드는 제품은 불편한 느낌을 완화함으로써
사용자의 고통을 줄인다.

○ 사용자 습관을 만드는 제품을 디자인하는 일은 사람의 마
음을 교묘히 조종하는 활동이라고 할 수 있다. 사용자가 스
스로 불건전한 중독이 아닌 바람직한 습관을 들이고 있다
는 확신을 갖도록 제품 개발자들은 무조건 사용자를 유혹
하려고 하기보다는 자신들의 제품에 대한 냉철한 자기성찰
의 시간을 갖는 것이 더 효과적일 수 있다(8장 참고).

지금 해야 할 일

당신이 현재 사용자 습관을 만드는 제품을 개발 중이라면 다음 질문에 답해보라.

○ 당신의 사업 모델에서 필요로 하는 사용자 습관은 무엇인가?

○ 사용자가 당신의 제품을 통해 해결하고자 하는 문제는 무엇인가?

○ 사용자가 현재 그 문제를 어떤 식으로 해결하고 있고, 그 문제의 해결책이 필요한 이유는 무엇인가?

○ 사용자가 당신의 제품을 얼마나 자주 사용하기를 원하는가?

○ 사용자의 어떤 행동이 습관으로 형성되기를 바라는가?

Part 2

훅 1단계: 트리거
무엇이 우리를 움직여 제품을
사용하게 하는가

트리거

외부 트리거

내부 트리거

팔로 알토에 사는 이인(가명)은 스탠퍼드 대학에 재학 중인 20대 중반 여성이다. 그녀는 일류 대학에 다니는 학생들에게 기대하기 마련인 침착성과 세련미를 모두 갖추고 있다. 그런데 날마다 반복되는 한 가지 습관 앞에서는 번번이 굴복하고 만다. 바로 인스타그램에 푹 빠진 것이다. 스스로 어떻게 통제할 수 없을 지경이다.

2012년 페이스북이 10억 달러에 인수한 이 사진 및 동영상 공유 서비스는 이인을 포함한 1억 5,000만 명 사용자들의 마음을 완전히 사로잡았다.[1] 페이스북의 인스타그램 인수는 첨단 기술이 사용자 습관을 형성해가는 위력과 그로 인해 창출되는 엄청난 금전적 가치를 그대로 보여준 사례다. 물론 인스타그램의 인수 가격은 이 기업을 차지하기 위해 치열한 각축전이 벌어졌던 입찰 경쟁을 비롯한 여러 요인에 의해 결정되었다.[2] 그러나 가장 중요한 사실은 인스타그램이 사용자들에게 습관이 될 서비스를 선보여 일상생활의 일부로 고착화한 첨단 기술 기업의 전형이라는 데 있다. 이 기업은 첨단 기술만큼이나 인간의 심리적 측면에도 아주 정통했다.[3]

날마다 이 앱을 이용해서 많은 사진을 찍어 올리면서도 이인은 자신이 거기에 완전히 푹 빠져 있다는 사실을 인지하지 못한다.

"그냥 재미있잖아요."

그녀는 여광기를 사용해 1970년대 후반에 찍은 것처럼 어둡게 처리한 최근 사진들을 들여다보며 이렇게 말했다.

"문제될 게 조금도 없어요. 저는 멋진 물건이나 장면을 볼 때마다 인스타그램을 사용해요. 사라지기 전에 얼른 붙잡아둬야 할 것 같은 기분이 들거든요."

그렇다면 그녀가 인스타그램을 습관적으로 사용하도록 유도한 것은 무엇일까? 언뜻 단순해 보이는 이 앱이 어떻게 그녀의 생활에서 그렇게 중요한 부분이 되었을까? 곧 알게 되겠지만 이런 습관은 시간이 흐르면서 서서히 형성되지만, 이 습관을 형성하는 연쇄적인 반응은 항상 어떤 '트리거'로 인해 시작되기 마련이다.

습관은 '뭔가에 의해' 만들어지는 것이다

습관은 진주와 같다. 진주조개 안에는 자개라고 불리는 진주층이 여러 겹 쌓여 있고 그것이 수년 동안 매끄러운 표면을 지닌 보석으로 변하면서 천연 진주가 된다. 그렇다면 무엇이 진주층을 진주로 변하게 하는 것일까? 모래 알갱이나 달갑지 않은 기생충 같은 조그만 자극물이 조개 내부로 들어오면 진주조개의 생체 시스템은 희미한 빛을 내는 여러 겹의 코팅층으로 침입자를 덮어버린다.

마찬가지로 새로운 습관 역시 이런 형성의 토대가 필요하다. 그리고 지속적인 행동 변화의 토대를 제공하는 것이 바로 트리거다.

여기서 잠깐 당신의 생활을 되짚어보는 시간을 갖도록 하자. 오늘 아침에 당신을 깨운 것은 무엇이었는가? 당신이 이를 닦도록 한 것은 무엇이었는가? 이 책을 읽게 한 것은 무엇이었는가?

아침에 잠을 깨우는 자명종 소리처럼 트리거는 분명한 신호 형태를 취하기도 하지만, 때로는 좀 더 미묘한 형태의 무의식적인 신호로 전달되기도 한다. 그 신호는 우리의 일상 행동에 아주 효과적으로 영향을 미친다. 어느 날 갑자기 진주의 생성을 촉발하는 진주조개의 모래 알갱이처럼 트리거란 행동의 도화선과 같다. 우리의 인식 여부와는 상관없이 우리를 움직여 행동하게 하는 것이다.

트리거는 크게 외부 트리거와 내부 트리거로 나눌 수 있다.

다음 행동에 관한 정보를 알려주는
외부 트리거

습관을 만드는 첨단 기술은 먼저 사용자에게 행동 개시를 요구하는 신호를 보내 행동 변화를 유도한다. 이런 감각 자극은 우리의 주위에 존재하는 수많은 사물들을 통해 전달된다. 이때 감각 자극은 외부 트리거라 할 수 있으며, 여기에는 사용자에게 다음 행동을 알려주는 정보가 내포되어 있다.

외부 트리거는 사용자가 취해야 할 다음 행동을 알려주는데 그 행동을 아주 분명하게 전달하는 경우도 많다. 코카콜라 자판기를 예로 들어보자. 여기서 발견되는 외부 트리거는 무엇인가?

사진 속에서 누군가를 반갑게 맞이하는 남자의 모습을 자세히 들여다보라. 그는 당신에게 시원한 콜라를 내밀고 있다. 사진 아래에 붙은 "목마르시죠?Thirsty?"라는 문구는 사진 속의 남자가 요구하는 것이 무엇인지를 전달하고, 돈을 집어넣고 음료를 선택하는 기대 행동을 촉발한다.

온라인에서 자주 사용되는 외부 트리거는 두 번째 사진에서 찾을 수 있다. 민트닷컴Mint.com에서 보낸 이메일 안에 "민트에 로그인하세요Log in to Mint"라는 문구가 적힌 커다란 프롬프트처럼 눈에 확 띄는 버튼 형태 말이다. 이런 식으로 사용자가 이메일을

코카콜라 자판기.
(오른쪽은 일부를 확대한 것)

읽은 다음 취해야 할 행동을 분명하게 제시한다. 환하게 빛나는 커다란 버튼을 클릭하라는 것이다.

민트닷컴의 이메일 속에 의도된 행동이 얼마나 눈에 잘 들어오고 분명하게 전달되는지 잘 살펴보길 바란다. 어쩌면 은행 잔고를 확인하거나 신용카드 거래내역을 보여주거나 재정 목표를 정해주는 등의 다른 자극들을 포함시킬 수도 있었을 것이다. 하지만 이것은 중요한 계좌 경고 이메일이기 때문에 민트닷컴은 사용자가 취할 여러 행동을 "로그인해서 당신의 계좌를 확인하고 조정하라"라는 문구를 한 번 클릭하는 것으로 모두 해결하는 현명함을 발휘했다.

선택이 많아질수록 사용자는 다양한 선택들을 평가해야 한다. 그리고 너무 많은 선택이나 무의미한 선택은 오히려 사용자의 망설임, 혼란스러움, 심하게는 포기를 유발할 수 있다.[4] 하지만 다음 행동을 취하는 데 필요한 선택의 폭을 줄여주면 의도한 행동이 무의

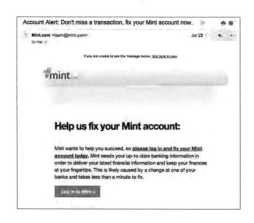

무엇을 해야 할지를 명확히 표시한 민트닷컴의 이메일.

식적으로 일어날 가능성은 더 높아진다. 이 내용은 다음 장에서 좀 더 자세히 설명하겠다.

코카콜라 자판기와 민트닷컴 이메일은 명확한 외부 트리거의 바람직한 사례를 보여준다. 하지만 사용자가 취해야 할 다음 행동에 관한 정보를 직접적으로 드러내지 않는 외부 트리거도 존재한다. 예를 들어, 우리는 링크가 걸린 웹사이트는 클릭하면 되고 앱 아이콘은 가볍게 톡톡 두드리면 된다는 것을 알고 있다. 이런 보편화된 시각적 트리거는 사용자의 다음 행동을 촉발할 목적으로 사용된다. 상대방이 쉽게 응하도록 디자인된 인터페이스의 일종인 이런 행동 개시 요구는 사람들에게 그 사용법을 일일이 설명할 필요가 없다. 그 속에 이미 정보가 있기 때문이다.

외부 트리거는 어떻게 작동할까?

제품 디자이너가 의도한 행동을 사용자가 완수하도록 유도할 때 기업이 활용할 만한 외부 트리거는 4가지 형태를 취한다.

1. 유료 트리거

광고, 인터넷 검색 엔진 마케팅, 기타 유료 수단들은 사용자의 관심을 끌어 행동에 나서게 하는 가장 일반적인 방법이다. 이처럼 비용이 드는 트리거는 효과적일 수 있지만 사용자가 계속해서 다시 찾게 하려면 액수가 커진다. 사용자 습관을 만든 기업들도 가끔은 이 방법을 사용하지만 여기에만 의존하지는 않는다. 페이스북이나 트위터 같은 기업들이 사용자의 재방문을 유도하기 위해 비용을 들여 광고를 한다고 상상해보라. 아마 머지않아 파산하고 말 것이다.

대부분의 사업 모델은 사용자의 재참여를 끌어내기 위한 비용을 계속 감당하기는 힘들기 때문에 일반적으로 비용이 드는 트리거는 신규 사용자를 확보할 때 사용하고, 재참여를 유도할 때는 다른 트리거를 활용한다.

2. 획득한 트리거

직접적으로 비용을 주고 사는 것이 아니라는 점에서 보면, 획득한 트리거는 무료라고 할 수 있다. 하지만 각종 매체의 홍보 활동에 '시간'이라는 형태의 투자를 해야 할 때가 많다. 우호적인 언론 보도, 인터넷을 뜨겁게 달구는 광고 영상, 특색 있는 앱스토어 배치 등은 모두 사람들의 관심을 사로잡는 데 아주 효과적인 방법이다. 기업들은 관련 다운로드 수나 판매 급증이 장기적 성공의 신호라고 생각해서 안심할지도 모르지만, 획득한 트리거로 만들어진 사용자 인식은 대체로 수명이 짧다는 단점을 갖고 있다.

획득한 트리거를 이용해 사용자를 계속 확보하려면 제품이 계속 각광을 받게 해야 하는데 이것만큼 예측이 불가능하고 어려운 활동도 없을 것이다.

3. 관계 트리거

어떤 제품이나 서비스를 다른 사람들에게 긍정적으로 이야기하는 것은 사용자의 행동 개시에 아주 효과적인 외부 트리거가 될 수 있다. 페이스북의 '좋아요'나 온라인 초대, 입소문 같은 고전적 방법을 통한 친구와 가족의 제품 소개나 추천은 첨단 기술이 확산 되는 데 핵심 요소로 작용한다.

관계 트리거는 기업가들과 혁신가들이 갈망해마지 않는 최고 의 확산적 성공을 만들 수 있다. 사람들은 효과적인 제품에 대해 이야기하는 것을 좋아하기 때문에 가끔은 관계 트리거가 성장의 견인차가 되기도 한다.

1990년대 후반, 페이팔이 거둔 확산적 성공이 대표적인 예다.[5] 이 기업은 사용자들이 서로에게 온라인으로 돈을 송금하기 시작 하면 자신들의 서비스가 지닌 엄청난 가치를 사람들이 인식할 것 이라는 점을 정확히 내다보았다. 지금 막 누군가가 돈을 송금했다 는 사실은 그 자체로도 매력적이지만, 상대방이 계좌를 개설하고 싶은 마음이 들도록 유인하는 효과도 있었다. 그리고 페이팔이 그 런 확산적 성장을 기록할 수 있었던 것은 입소문과 유용성, 두 가 지를 모두 갖추고 있었기 때문에 가능했다.

하지만 안타깝게도 소위 다크 패턴dark pattern(사용자를 속이 기 위해 디자인된 각종 사용자 인터페이스를 말한다—옮긴이)을 이용해 입소문과 관계 트리거를 비윤리적으로 사용하는 기업들도 더러 있 다. 사용자를 교묘히 꼬드겨서 친구를 초대하거나 다른 SNS에 메 시지를 보내게 하는 식이다. 이 기업들은 처음에는 약간의 성장을 이룰지는 몰라도 결국에는 사용자의 선의와 신뢰, 다양한 참여를 모두 놓치게 된다. 속았다는 사실을 알고 나면 사람들은 분통을 터뜨리며 해당 제품의 사용을 중단할 것이 분명하기 때문이다.

관계 트리거를 제대로 활용하려면 해당 제품의 이점을 다른 사람들에게 적극적으로 알리고 싶어 하는 열성적인 사용자를 얻어야 한다.

4. 점유 트리거

점유 트리거는 사용자의 환경에서 부동의 위치를 차지하는 외부 트리거다. 사용자의 일상생활에 수시로 등장하지만 이런 트리거의 등장을 허용할지 말지를 결정하는 사람은 사용자 자신이다.

예를 들어, 사용자의 핸드폰 화면의 앱 아이콘이나 사용자가 구독하는 이메일 뉴스레터, 앱 업데이트 알림 표시는 사용자가 원할 경우에만 나타난다. 사용자가 이런 트리거를 받아들이기로 동의하면 그 트리거를 만드는 회사는 사용자의 관심을 일정 부분 점유하게 된다.

점유 트리거는 사용자가 계정을 만들고, 자신의 이메일 주소를 제공하고, 해당 앱을 설치하고, 뉴스레터나 기타 알림 서비스를 원했을 때만 형성될 수 있다.

유료 트리거, 획득한 트리거, 관계 트리거는 신규 사용자를 확보하도록 해주지만 점유 트리거는 하나의 습관이 형성될 때까지 반복적인 참여를 유도한다. 점유 트리거가 관심 영역 안으로 진입하는 것을 허용하는 사용자의 암묵적 동의 없이는 사용자의 행동을 변화시킬 정도로 빈번하게 신호를 보내는 것은 불가능하다.

이 4가지 외부 트리거는 첫 단추에 불과하다. 모든 외부 트리거의 궁극적 목표는 사용자가 훅 모델의 사이클로 진입해서 모든 단계를 거치게 하는 것이다. 그래서 연속적으로 몇 번의 순환이 이루어져 더 이상 외부 트리거가 필요치 않도록 하는 것이다. 사용자 습관이 형성되고 나면 그때부터는 다른 종류의 트리거, 즉 내부 트리거가 신호를 보내기 시작한다.

감정을 움직이는 내부 트리거

특정 제품이 어떤 생각이나 감정, 기존의 일상 행동과 긴밀하게 연결된다면 그것은 내부 트리거를 활용하고 있는 것이다. 아침 자명종이나 "지금 로그인하세요!"라고 적힌 커다란 클릭 버튼처럼 감각 자극을 사용하는 외부 트리거와는 달리 내부 트리거는 볼 수도, 만질 수도, 들을 수도 없다. 사람의 마음속에 자동적으로 떠오르는 것이기 때문이다. 소비되는 첨단 기술들은 이런 내부 트리거와 제품을 연결 지어야만 성공을 거둘 수 있다.

인스타그램을 습관적으로 사용하는 대학생 이인의 이야기를 보자. 그녀가 애용하는 사진 앱은 내부 트리거에서 보내는 신호를 통해 예측 가능한 반응을 형성했다. 반복적인 조건 반사를 통해 주위 인물이나 사물의 모습을 사진에 담고 싶어 하는 이인의 욕구와 항상 들고 다니는 핸드폰 앱 간에 강력한 연결 고리가 형성된 것이다.

강력한 내부 트리거로 작용하는 감정, 특히 부정적 감정은 우리의 일상 행동에 많은 영향을 미친다. 따분함, 외로움, 불만, 혼란스러움, 모호함 같은 감정들은 약간의 고통이나 짜증을 유발하고, 그런 부정적 감정들을 가라앉히기 위해 즉각적이고 무의식적인 행동이 촉발되는 경우가 많다. 이인 역시 특별한 순간을 영원히 놓칠지도 모른다는 불안감을 느낄 때마다 인스타그램을 사용한다.

어쩌면 그녀가 느끼는 불안감은 의식적으로 인지할 수 없을 정도로 낮은 수준일지도 모른다. 그런데 여기서 중요한 것이 바로 그 부분이다. 우리의 생활은 사소한 스트레스로 가득하고 사람들은 대부분 그 불편한 느낌에 대해 자신이 행하는 습관적인 반응을 잘 알아차리지 못한다.

긍정적 감정 역시 내부 트리거가 될 수 있다. 심지어 우리를 괴롭히는 어떤 문제를 해결하고 싶다는 욕구로 긍정적 감정이 저절로 촉발될지도 모른다. 결국 문제에 대한 해결책을 찾기 위해 특정 제품을 사용하게 된다는 얘기다. 즐거움에 대한 열망이 따분함을 해결하고 싶은 욕구로 여겨질 수 있고, 기분 좋은 소식을 다른 사람들과 공유하고 싶은 욕구가 사람들과 관계를 맺고 그 관계를 유지하려는 시도로 생각될 수도 있다.

제품 디자이너들이 이런 문제점을 해결하고 고통을 제거하는 것, 즉 사용자의 가려운 곳을 긁어주게 하는 것이 이 책의 목표다. 자신의 고통을 완화해주는 제품을 발견한 사용자는 시간이 흐를수록 해당 제품에 대해 점점 더 강력하고 긍정적인 연상 작용을 하게 될 것이다. 그리고 진주조개 속에 여러 겹의 진주층이 생기듯이, 반복 사용을 통해 해당 제품과 그것에 만족감을 느끼는 사용자 간에 끈끈한 연결 고리가 만들어질 것이다. 특정한 내부 트리거들이 나타날 때마다 사용자가 해당 제품을 찾으면서 이 연결 고리는 점점 하나의 습관으로 굳어지는 것이다.

미주리 과학기술대학교에서 실시한 연구를 통해서도 첨단 기술을 이용한 해결책이 수시로 심리적 안도감을 제공한다는 사실을 확인할 수 있었다.[6] 이 연구자들은 2011년 자발적으로 참여한 216명의 재학생을 대상으로 그들의 인터넷 활동을 익명으로 추적했다. 그러면서 해당 연도에 나타난 실험 참가자들의 인터넷 사용 빈도와 온라인상 활동을 면밀히 관찰했다.

연구가 끝나갈 무렵, 이들은 우울증 치료를 위해 해당 대학에서 건강 관련 서비스를 받은 학생들의 익명 데이터도 함께 비교 분석했다. 연구에 참여했던 스리람 첼라팬은 자신의 논문에 이 사실을 소개했다.[7]

"우리는 인터넷 사용과 관련해서 우울증과 깊은 상관관계를 보이는 몇 가지 특징을 발견할 수 있었다. 예를 들어, 우울증 증상이 있는 참여자들은 이메일 사용 빈도가 아주 높았다. 우울증을 겪는 학생들의 인터넷 사용에서 발견한 또 다른 특징은 동영상 시청, 게임, 채팅의 사용량이 많다는 것이었다."

이 연구는 우울증을 겪는 사람일수록 인터넷을 더 많이 사용한다는 점을 보여주었다. 그렇다면 그 이유는 무엇일까? 우리는 여기서 가설 하나를 세워볼 수 있다. 우울증에 시달리는 사람은 일반 사람들에 비해 부정적 감정을 더 자주 경험하므로 기분을 고양시켜주는 첨단 기술에 자꾸 의지하고 그것으로 위안을 찾으려 한다는 가설이다.

당신도 감정 신호를 받아 하게 되는 행동들이 있는지 잘 생각해보라. 내부 트리거에 대한 반응으로 당신은 어떤 행동을 하게 되는가?

사람들은 따분하고 심심해지면 신나는 뭔가를 찾으려 하고 호들갑스러운 뉴스로 눈을 돌린다. 또 지나치게 스트레스를 많이 받으면 마음을 차분하게 해주는 뭔가를 찾다가 핀터레스트 같은 인터넷 사이트에서 기분을 전환할 것과 위안거리를 발견할지 모른다. 그리고 외로움을 느낄 때면 페이스북이나 트위터에서 곧바로 다른 사람들과 연결된다.

구글 클릭 한 번으로 불안감을 시원하게 날려버릴 수도 있다. 사용자 습관을 만들어내는 모든 첨단 기술의 모태라고 할 만한 이메일은 우리가 일상적으로 겪는 각종 불안을 해결해준다. 자신을 필요로 하는 사람이 없는지 들여다보면서 우리 자신의 중요성과 심지어 우리의 존재 자체를 확인하는 것이다. 그리고 때로는 이런 이메일이 무미건조한 우리의 일상에 잠시나마 탈출구가 되어주기도 한다.

첨단 기술을 장착한 제품이나 서비스에 사로잡히면 사용을 유도하는 행동 개시 신호는 더 이상 필요치 않다. 그보다는 감정에 대한 자동 반응에 더 많이 의지한다. 이런 내부 트리거와 연결된 제품이나 서비스는 사용자에게는 즉효약이다. 사용자의 머릿속에 특정 제품이나 서비스가 자신이 선택할 수 있는 유일한 해결책이라는 연상 작용이 일어나게 되면 외부 트리거가 작용하지 않아도 저절로 그것을 다시 찾기 때문이다. 내부 트리거의 경우, 그다음 취해야 할 행동에 대한 정보가 사용자의 기억 속에 학습된 연결 고리 형태로 입력된다.

그러나 내부 트리거와 특정 제품 및 서비스 간의 연결 고리는 하루아침에 만들어지지 않는다. 내부 트리거와 신호가 밀착되도록 몇 주 혹은 몇 달 동안 빈번하게 사용해야 한다. 새로운 습관은 처음에는 외부 트리거로 촉발되지만 사용자를 계속 붙잡는 것은 내부 트리거와의 연결 고리이기 때문이다.

이인의 말처럼, 사용자는 "멋진 뭔가를 발견할 때마다 저절로 사용하게 된다." 외부 트리거에서 내부 트리거로 사용자들을 교묘히 유도함으로써 인스타그램은 사람들의 생활 속에 지속적으로 발생할 수 있는 행동을 설계했다. 특별한 순간이 올 때마다 이인의 마음속에서는 포착하고 싶은 욕구가 일어난다. 그리고 그 순간에 대한 즉각적인 해결책이 바로 인스타그램이다. 이제 이인에게는 인스타그램을 사용하도록 유도하는 외부 트리거가 더 이상 필요치 않다. 내부 트리거가 저절로 일어나기 때문이다.

내부 트리거를 어떻게 찾아낼 수 있을까?

사용자 습관을 만드는 데 성공한 제품들은 대부분 특정 감정을 사로잡는 식으로 사용자의 고통을 부드럽게 어루만져준다. 이를 위해 제품 디자이너는 자신이 타깃으로 삼은 사용자들의 내부 트리거를 알고 있어야 한다. 즉 그들이 해결해주려는 고통이 무엇인지를 이해해야 한다는 소리다. 그러나 고객들의 내부 트리거를 파악하기 위해서는 고객들이 설문조사에서 들려주는 이야기만 살펴서는 안 된다. 고객들에 대해 더 많이 공부하고 그들이 어떤 감정을 느끼는지 더 깊이 파헤쳐야 한다.

사용자 습관을 만드는 제품의 궁극적인 목표는 연결 고리를 만들어 사용자의 고통을 해결하는 것이다. 그래서 사용자가 해당 기업의 제품이나 서비스에서 위안을 얻게 하는 것이다.

이를 위해서는 우선 제품의 특성보다 정서적 측면의 고통이나 불만부터 파악해야 한다. 하지만 제품 디자이너가 무슨 수로 사용자가 가진 고통의 근원을 파악한다는 말인가? 가장 좋은 출발점은 성공적으로 사용자 습관을 형성한 제품들을 어떤 요인들이 떠받치고 있는지를 공부하는 것이다. 그렇다고 똑같이 모방하라는 얘기는 아니다. 그런 회사들이 사용자의 문제를 어떤 식으로 해결했는지 자세히 살펴보라는 말이다. 그렇게 하면 소비자의 속마음을 깊이 들여다보고 인간의 보편적인 욕구와 바람을 찾는 데 많은 도움이 될 것이다.

블로거닷컴과 트위터의 공동 창업자 에반 윌리엄스가 말한 것처럼, 인터넷은 "사람들이 원하는 것들을 제공하기 위해 고안된 거대한 기계"라고 할 수 있다.[8] 윌리엄스는 이런 말도 덧붙였다.

"인터넷 덕분에 새로운 것들을 할 수 있게 됐다고 생각하는 사람들이 많다. 하지만 사람들은 자신이 항상 해오던 것들을 계속하고 싶어 한다."

이런 공통된 욕구는 시공을 초월한 인간의 보편적 특징이기도 하다. 그러나 사용자에게 이 욕구를 드러내라고 요구하는 것은 그리 효과적이지 않다. 왜냐하면 사람들은 어떤 감정이 자신을 자극하는지 잘 모르기 때문이다. 아니 그런 생각 자체를 하지 못한다. 사람들이 밝힌 '선호도', 즉 자신이 좋아한다고 말하는 것들은 '겉으로 드러난 선호도', 즉 그들이 실제로 하는 행동들과 상당한 차이가 있음을 우리는 자주 보게 된다.

웹디자인 및 개발 분야의 실무 전문가 에리카 홀은 《필요한 만큼의 리서치Just Enough Research》라는 책에서 이렇게 주장했다.

"사람들이 하고 싶어 하는 행동(영화 수준의 홈비디오를 제작하는 것)보다 실제로 하는 행동(고양이 비디오를 시청하는 것)에 연구의 초점을 맞추면 더 많은 것들을 발견하게 된다."[9]

일치하지 않는 부분을 찾아가다 보면 가려져 있던 많은 것들이 드러난다는 뜻이다. 사람들이 문자 메시지를 보내는 진짜 이유는 무엇일까? 사람들은 왜 그렇게 사진을 찍어대는 것일까? TV를 시청하거나 스포츠 중계 방송을 보는 일은 그들의 삶에서 어떤 의미가 있을까? 이런 습관들이 어떤 고통을 해결해주고 사용자들이 그런 행동을 하기 직전에 느낄 수 있는 감정에 대해 한번 생각해보길 바란다.

당신의 제품을 사용하는 사람들은 당신이 제시한 해결책으로 무엇을 얻으려는 것일까? 그들은 언제 어디에서 당신의 제품을 사용할까? 그들이 그 제품을 사용하도록 유도하는 감정은 무엇이고, 그들이 그런 행동에 나서도록 자극한 감정은 무엇일까?

언젠가 트위터와 스퀘어의 공동 창업자로 참여했던 잭 도시가 이런 중요한 물음들에 두 기업이 어떤 식으로 답을 얻었는지를 소개한 적이 있다.

"일반 대중이 사용하는 제품을 개발하고 싶다면 당신이 직접 그들의 입장이 되어야 하고, 그들의 입장에서 이야기를 풀어 나가야 한다. 이를 위해 우리는 아주 많은 시간을 들여 소위 유저 내러티브user narrative(사용자의 상호작용으로 만들어지고 변경되는 이야기 구조를 말한다—옮긴이)라는 것을 작성했다."[10]

그러면서 그는 사용자를 진심으로 이해하기 위해 어떤 시도를 했는지 설명했다.

"누군가는 시카고 한복판에 있고, 누군가는 커피숍에 간다. 이것이 바로 그들이 겪게 될 일이다. 마치 한 편의 연극 대본을 읽는 것과 같다. 아주 훌륭하다. 그런 이야기를 매끄럽게 만들 수 있다면 각종 우선순위, 각종 제품, 각종 디자인, 갖가지 제품에 필요한 각종 조정 작업들이 자연스럽게 드러날 것이다. 왜냐하면 당신이 그 이야기를 편집할 수 있고, 엔지니어 부서, 운영 부서, 지원 부서, 디자인 부서, 사업 부서 등 조직 내 모든 부서의 구성원들이 그런 이야기와 관련이 있을 수 있기 때문이다."

잭 도시는 사용자에 대한 명확한 묘사, 즉 그들의 욕구, 감정, 해당 제품의 사용 맥락 등이 올바른 해결책을 개발하는 데 아주 중요하다고 주장했다. 잭 도시의 유저 내러티브 외에도 잠재적 사용자에 대해 알 수 있는 방법으로는 고객 개발[11], 유용성 연구, 공감 지도[12] 같은 것들이 존재한다.

이런 방법도 있다. 특정 감정을 이해할 수 있을 때까지 '왜?'라는 질문을 계속 던지는 것이다. 일반적으로 '왜 그럴까?'라는 질문을 15회 정도 던지면 그것을 이해할 수 있게 된다. 이것은 도요타의 혁신가 다이치 오노가 도요타의 생산 시스템을 설명하면서 소개한 '5 Why 분석법'(어떤 문제를 일으킨 요인을 제시하고, 그 요인을 일으킨 요인을 다시 제시하는 식으로 '왜?'를 반복하는 분석 활동이다. 보통 5회 반복하지만 횟수보다 근본 원인을 찾는 것을 중요시한다—옮긴이)을 살짝 변형한 것이다. 오노는 이렇게 말했다.

"5 Why 분석법은 도요타의 과학적 접근 방식의 토대를 이룬다. '왜 그럴까?'를 5회 정도 반복해서 묻다 보면 문제의 본질은 물론 문제에 대한 해결책까지 분명하게 파악할 수 있다."[13]

사람들이 어떤 제품을 습관적으로 사용하는 이유를 알아내는 활동에서 내부 트리거는 근본 원인에 해당된다. 그리고 '왜 그럴까?'는 문제의 핵심을 정확히 파고들 수 있는 질문이다.

예를 들어, 이메일이라는 환상적인 신기술을 처음으로 개발한다고 가정해보자. 이 제품의 주요 타깃으로 삼은 사용자는 항상 정신없이 바쁘게 일하는 줄리라는 중간급 관리자다. 이 제품의 사용자가 될 줄리와 연관 지어 세세한 내러티브를 작성한다면, 다음과 같이 연속적으로 이어지는 '왜?'라는 물음들에 답해볼 수 있을 것이다.

왜? ①: 줄리는 왜 이메일을 사용하고 싶어 하는가?
답변: 메시지를 주고받을 수 있어서다.

왜? ②: 그녀는 왜 메시지를 주고받고 싶어 하는가?

답변: 정보를 신속하게 공유하고 전달받고 싶어서다.

왜? ③: 그녀는 왜 신속하게 정보를 공유하고 전달받고 싶어 하는가?

답변: 그녀의 직장 동료, 친구, 가족에게 무슨 일들이 벌어지는지 알고 싶어서다.

왜? ④: 그녀는 왜 그것을 알아야 하는가?

답변: 자신을 필요로 하는 누군가가 있는지 알고 싶어서다.

왜? ⑤: 그녀는 왜 그것을 신경 쓰는가?

답변: 사람들로부터 소외될까 봐 두려워서다.

이를 통해 두려움이 강력한 내부 트리거로 작용하고 있다는 중요한 사실을 알아냈다. 이제 줄리의 두려움을 가라앉혀줄 해결책, 즉 제품을 디자인할 수 있게 되었다. 물론 이야기를 다른 측면에서 시작했거나, 다른 식으로 변경했거나, '왜?'라는 일련의 물음에 다른 답변을 가정했다면, 이와는 다른 결론에 도달했을 것이다. 제품 디자이너는 사용자의 기본 욕구를 정확히 이해하고 있어야만 해당 제품이 갖추어야 할 요건을 파악할 수 있다.

이제 사용자의 고통이 무엇인지 알아냈으므로 우리가 만들 제품이 줄리의 문제를 해결해줄 수 있는지 테스트해보는 단계로 넘어갈 수 있게 되었다.

인스타그램의 트리거

인스타그램이 수백만 명 사용자가 거의 매일같이 방문하도록 유도할 수 있었던 것은 사용자의 트리거를 정확히 이해했기 때문이다. 이인 같은 사용자들에게 인스타그램은 감정과 열망의 도피처이자, 인터넷이라는 가상공간에 픽셀 형태로 저장되는 일종의 회고록과 같다.

인스타그램을 습관적으로 사용하는 이인의 행동도 처음에는 친구의 추천이라는 외부 트리거로 시작되었다. 그리고 몇 주간의 반복적인 참여를 통해 정기적인 사용자가 되었다.

이인은 사진을 찍을 때마다 그 사진을 페이스북과 트위터에 올려 친구들과 공유한다. 당신이 인스타그램의 사진을 처음 접했을 때를 떠올려보라. 그 사진은 당신의 시선을 사로잡았는가? 당신은 그 사진에 호기심을 느꼈는가? 그 호기심이 당신을 행동에 나서게 했는가?

이때 사진은 외부 트리거 중 '관계 트리거'에 해당하며 이 앱에 사람들의 관심을 집중시켜 앱을 설치하고 사용하도록 유도하는 신호 역할을 한다. 그러나 페이스북과 트위터에서 공유한 인스타그램의 사진만이 신규 사용자를 끌어모으는 유일한 외부 트리거는 아니었다. 언론 보도나 블로그에서 이 앱에 대한 이야기를 들었을 수도 있고, 애플의 앱스토어에서 인스타그램이 인기 앱으로 선정되었을 수도 있다. 이런 것들은 모두 외부 트리거 중 '획득한 트리거'에 해당한다.

앱이 설치되자 인스타그램은 '점유 트리거'의 이점도 누릴 수 있었다. 사용자의 핸드폰 화면에 있는 앱 아이콘과 사용자의 친구들이 사진을 올릴 때마다 제공되는 푸시 알림이 사용자를 다시 불러들이는 역할을 하기 때문이다.

반복적 사용을 통해 인스타그램은 내부 트리거와 강력한 연결 고리를 형성했고, 대다수 사용자가 처음에는 잠깐 머리를 식히려고 시작한 이 활동은 이제는 하루에도 수시로 일어나는 일상 활동이 되었다.

특별한 순간을 놓칠지 모른다는 두려움은 극심한 스트레스를 일으킬 수 있다. 이런 부정적 감정은 인스타그램 사용자들을 이 앱으로 다시 불러들이고 사진을 캡처해서 고통을 누그러뜨리게 하는 내부 트리거로 작용한다. 이런 식으로 사용자가 인스타그램을 사용할수록 새로운 내부 트리거가 계속 만들어진다.

그러나 인스타그램은 단순히 카메라의 대체 제품이 아니다. 그 이상의 의미를 갖는 SNS다. 이 앱은 사용자들을 서로 연결시켜 사진을 공유하고 즐거운 농담을 주고받게 함으로써 따분함에서 벗어날 수 있게 한다.[14]

다른 수많은 SNS와 마찬가지로 인스타그램 역시 점점 분명하게 인식할 수 있는 고통을 줄여준다. 바꿔 말하면 '놓칠지 모른다는 두려움'이나 '좋은 기회를 놓치고 싶지 않은 마음'을 잘 어루만져주는 것이다. 인스타그램의 경우 내부 트리거와의 연결 고리가 새로운 습관이 형성되는 토대를 제공한다.

이제 훅 모델의 다음 단계로 넘어가보자. 사용자의 문제와 당신의 제품이 지닌 해결책을 연결시키는 방법을 살펴볼 차례다. 다음 장에서는 사용자를 트리거에서 행동의 단계로 나아가게 하는 일이 새로운 일상을 확립하는 데 얼마나 중요한지를 배우게 될 것이다.

기억하고 공유해야 할 사항

○ 훅 모델의 첫 단계인 트리거는 사용자에게 행동 개시 신호
를 보낸다.

○ 트리거는 크게 외부 트리거와 내부 트리거로 나뉜다.

○ 외부 트리거는 사용자의 환경 안에 정보를 배치해 사용자에
게 다음 행동을 알려준다.

○ 내부 트리거는 사용자의 기억 속에 저장된 연결 고리를 통해
다음 행동을 알려준다.

○ 부정적 감정은 내부 트리거로 작용하는 경우가 많다.

○ 사용자 습관을 만드는 제품을 개발하기 위해서는 사용자의
어떤 감정이 내부 트리거와 이어지는지를 이해하고, 사용자
의 행동을 유도하기 위해 외부 트리거를 어떻게 활용해야 하
는지를 파악해야 한다.

지금 해야 할 일

앞 장에서 작성한 내용을 참고해서 다음 질문에 답해보라.

○ 당신이 만든 제품의 사용자는 누구인가?

○ 당신이 의도한 사용자 습관이 나타나기 직전에 사용자가 하
는 행동은 무엇인가?

○ 당신의 사용자에게 행동 개시 신호를 보낼 3가지 내부 트리거
를 제시하라. 이 장에서 설명한 '5 Why 분석법'을 참고하자.

○ 당신의 사용자가 가장 빈번하게 경험하는 내부 트리거는 무엇인가?

○ 가장 빈번한 내부 트리거와 설계 중인 습관을 활용해 다음의 간단한 설명을 완성해보라. "사용자에게＿＿＿(내부 트리거)가 일어날 때마다 그 사람은＿＿＿(의도된 습관의 첫 번째 행동)을 한다."

○ 두 번째 질문 "당신이 의도한 사용자 습관이 나타나기 직전에 사용자가 하는 행동은 무엇인가?"를 참고해서 외부 트리거를 전하기에 적절한 시점과 장소를 제시하라.

○ 사용자에게 내부 트리거가 일어나는 시점과 외부 트리거를 최대한 긴밀하게 연결시킬 방법은 무엇인가?

○ 기존의 첨단 기술을 사용해서 사용자의 반응을 유도하는 방법을 3가지 이상 제시하라(예: 이메일, 푸시알림, 문자 메시지 등). 그다음 사용자의 반응을 유도하는 데 있어 현재의 기술로는 불가능하거나 정신 나간 소리처럼 들릴 만한 방법을 3가지 이상 제시하라(예: 몸에 착용할 수 있는 컴퓨터, 생체인식 센서, 메시지 전달용 비둘기 등). 당신이 생각해낸 정신 나간 아이디어들이 나중에는 전혀 이상할 것 없는 새로운 접근법을 탄생시킬 수도 있다. 몇 년 후에는 새로운 첨단 기술이 등장해서 지금은 상상할 수도 없는 온갖 제품이 만들어질지 누가 알겠는가.

Part 3

훅 2단계: 행동
당신이 의도한 대로
사용자가 행동하게 하라

행동

훅 모델의 두 번째 단계는 행동이다. 내부 혹은 외부 신호에 의해 만들어진 트리거는 사용자에게 그다음 취해야 할 행동을 알려준다. 하지만 사용자가 행동을 취하지 않으면 트리거도 쓸모없는 것이 된다.

행동이 일어나려면 그 행동을 실행하는 일이 생각보다 더 쉬워야 한다. 습관이라는 것은 의식적인 사고 활동이 거의 혹은 전혀 일어나지 않는 상태에서 발생하는 행동임을 명심하라. 디자이너가 의도한 행동을 사용자가 수행하는 데 육체적으로든 정신적으로든 요구되는 것이 많다면 그만큼 사용자가 행동에 나설 가능성도 낮아진다.

행동한다 vs 행동하지 않는다

사용자 습관을 만드는 일에서 행동이 그처럼 중요한 부분을 차지한다면 제품 디자이너는 어떤 식으로 사용자의 행동에 영향을 미쳐야 할까? 행동을 유도하는 어떤 공식 같은 것이 존재하는 걸까? 그런데 실제로 그런 공식이 존재하는 것으로 밝혀졌다.

인간의 행동을 유발하는 요인과 관련해 수많은 이론이 존재하지만, 나는 여기서 스탠퍼드 대학 설득기술연구소 소장인 포그 Brian Jeffery Fogg 박사의 이론을 소개하려고 한다. 그는 인간의 행동 유발을 설명하는 데 비교적 단순한 방법을 제시했다.

포그 박사는 인간의 행동이 일어나려면 3가지 요소가 전제되어야 한다고 주장했다. 첫째, 사용자에게 충분한 동기가 있어야 한다. 둘째, 의도된 행동을 완수할 만한 능력이 있어야 한다. 셋째, 행동이 일어날 트리거가 있어야 한다.

포그 박사의 행동 모델은 B=MAT라는 공식으로 나타낼 수 있다. 이것은 동기Motivation, 능력Ability, 트리거Trigger가 모두 충분한 수준으로 존재해야만 특정 행동Behavior이 일어난다는 점을 의미한다.[1] 이 공식의 구성 요소 중 하나라도 빠지거나 불충분할 경우, 사용자는 '행동선'을 넘지 못하게 되고, 그러면 해당 행동은 일어나지 않는다.

그럼 지금부터 포그 박사가 자신의 이론을 뒷받침하기 위해 활용한 사례를 살펴보겠다. 당신의 핸드폰이 울렸는데 당신이 받지 않았다고 하자. 당신은 왜 받지 않았을까?

어쩌면 핸드폰이 가방 깊숙이 처박혀 있어서 꺼내기가 힘들었을 수도 있다. 이 경우 쉽게 전화를 받을 수 없는 상태가 해당 행동이 일어나는 것을 가로막았다. 한마디로 전화를 받을 수 있는 능력이 제한적이었던 것이다.

또 당신이 별로 통화하고 싶지 않은 사람, 예를 들면 텔레마케터의 전화라고 생각해서 받지 않았을 수도 있다. 이 경우 전화를 받고 싶지 않은 마음, 즉 동기 결여가 전화를 무시하도록 당신에게 영향을 미친 것이다.

아니면 아주 중요한 전화였고 손을 뻗으면 닿을 수 있는 거리에 핸드폰이 있었지만 수신음이 무음 상태였을 수 있다. 전화를 받아야 할 동기가 강력했고 접근성도 높았지만 전화벨 소리를 들을 수 없었기에 통화를 놓친 것이다. 바꿔 말하면 트리거가 나타나지 않았다는 얘기다.

트리거에 대해서는 앞 장에서 충분히 이야기했기 때문에 여기서는 포그 박사가 제시한 행동 모델의 나머지 두 구성 요소, 즉 동기와 능력에 대해 좀 더 자세히 살펴보도록 하겠다.

행동의 동기를 유발하는 요인들

트리거가 행동 개시 신호를 보내는 것이라면, 동기는 해당 행동을 하고자 하는 열망 정도로 볼 수 있다. 로체스터 대학의 심리학과 교수이자 자기결정이론의 권위자인 에드워드 데시 박사는 동기

를 '행동에 필요한 에너지'라고 규정했다.[2]

심리학에서 동기의 속성은 논란의 여지가 많은 주제이긴 하지만 포그 박사는 3가지 핵심적인 동기 유발 요인이 우리의 열망을 행동으로 이끈다고 주장했다. 그의 주장에 따르면 인간에게는 즐거움 추구와 고통 회피, 희망 추구와 두려움 회피, 그리고 사회적 수용 추구와 사회적 거부 회피라는 동기가 내재해 있다. 이 동기 유발 요인들의 상반된 두 측면이 각각의 동기 수위를 높이거나 낮춤으로써 특정 행동을 할 가능성을 높이거나 낮추는 레버 역할을 한다는 것이다.

그렇다면 광고 업계로 눈을 돌려보자. 아마 광고 업계만큼 동기라는 요소가 분명하게 드러나는 분야도 없을 것이다. 광고 회사는 소비자의 습관에 영향을 미치기 위해 동기를 자주 활용한다. 광고들을 예리하게 관찰해보면 광고들이 어떤 식으로 우리의 행동에 영향을 미치려고 하는지 금방 알아차릴 수 있다.

예를 들어, 대통령 선거에서 버락 오바마 캠프는 경제적, 정치적 격동기에 적합한 고무적인 메시지와 이미지를 적극 활용했다. 유명 그래픽 디자이너 셰퍼드 페어리가 제작한 대선 포스터는 이미지 하단에 진하게 인쇄된 문구만이 아니라 미래를 내다보는 듯한 자신감 넘치고 단호한 오바마의 시선을 통해서도 '희망'의 메시지를 상징적으로 잘 전달했다. 하지만 안타깝게도 이 포스터에 사용된 원본 사진의 소유권을 놓고 미국 통신사 AP와 페어리 간에 지적재산권 분쟁이 일어나는 바람에 이 책에는 싣지 못했다. 이 포스터가 잘 기억나지 않는 사람들을 위해 책 말미의 주석에 연결 사

이트를 표기해놓았다.[3]

광고에서 동기를 활용한 또 다른 사례는 "섹스가 돈이 된다"는 오래된 격언과 깊은 관련이 있다. 예전부터 광고의 표준으로 자리 잡은 몸짱 모델이나 맨살을 훤히 드러낸 여성의 신체는 빅토리아스 시크릿Victoria's Secret의 란제리에서 고대디닷컴GoDaddy.com의 도메인 이름, 칼스 주니어, 버거킹 같은 패스트푸드 체인에 이르기까지 다양한 광고에 사용되고 있다. 이외에도 많은 광고들이 사람들의 시선을 사로잡고 행동을 자극하는 데 관음적 즐거움을 활용한다.

물론 이런 광고 전략은 섹스와의 연계가 중요한 동기 유발 요인으로 작용하는 특정 부류에게만 효과를 발휘한다. 가장 보편적인 타깃이라 할 수 있는 십 대 청소년들은 이런 광고를 보며 엄청난 자극을 받지만 다른 사람들은 불쾌하게 여길 수도 있다. 누군가에게는 엄청난 자극을 주는 것이 또 누군가에게는 그렇지 않을 수 있다는 사실은 대상의 욕구를 파악하는 일이 얼마나 중요한지를 알게 해준다.

여성의 신체를 활용해 시선을 끌고자 한 버거킹 광고.

'좋은 친구', '즐거운 시간'의 이미지를 담은 버드와이저 광고.

하지만 가끔은 심리적 동기 유발 요인이 오바마의 지지자들이나 패스트푸드 체인들이 사용한 광고들과 달리 분명하게 드러나지 않을 때도 있다. 버드와이저 광고를 보면 우리는 이 맥주 회사가 미국 축구 대표팀을 응원하는 세 명의 '친구들'을 통해 어떤 식으로 사회적 결속을 동기 유발 요인으로 사용했는지 확인할 수 있다. 맥주가 사회적 수용과 직접적인 관련이 있지는 않지만 이 광고는 버드와이저가 좋은 친구, 즐거운 시간과 항상 함께한다는 연상 작용을 강화하고 있다.

반대로, 두려움 같은 부정적 감정 역시 강력한 동기 유발 요인이 될 수 있다. 머리에 끔찍한 상흔을 가진 장애인이 등장하는 광고 사진을 보자. 이 광고는 오토바이 헬멧을 착용하지 않았을 때 발생할 수 있는 위험을 아주 충격적인 이미지로 전달하고 있다. 광고 상단에 적힌 "오토바이 헬멧을 쓰면 바보같이 보이니까 절대 쓰

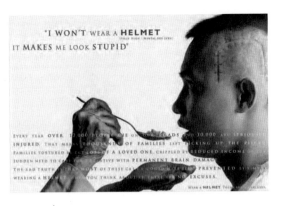

헬멧 착용을 권고하기 위해 충격적인 이미지를 사용한 광고.

지 말아야지!"라는 문구와 함께 오토바이 사고를 당한 후 정신연령이 2세로 떨어진 환자의 모습을 함께 보여줌으로써 등골이 오싹해질 정도로 강력한 메시지를 보낸다.

앞의 트리거 관련 내용에서 설명한 것처럼, 사용자가 해당 제품이나 서비스를 필요로 하는 이유를 이해하는 일은 아주 중요한 의미를 지닌다. 사용자가 일상생활 속에서 빈번하게 겪는 욕구가 내부 트리거라면 적절한 동기 유발 요인은 바람직한 결과를 약속함으로써(이를테면 가려운 곳을 시원하게 긁어주겠다) 실제로 행동이 일어날 수 있게 해주기 때문이다.

하지만 적당한 트리거와 높은 수준의 동기가 존재하는데도 제품 디자이너의 의도대로 사용자의 행동이 일어나지 않을 때도 많다. 그렇다면 거기에는 무엇이 결여된 것일까? 편리성, 아니 좀 더 엄밀히 말하면 쉽게 그 행동을 취할 수 있는 사용자의 능력이다.

얼마나 쉬운 행동인지가 중요하다

데니스 하웁틀리는 《히트 메이커Something Really New》[4]에서 혁신 프로세스를 3단계 기본 활동으로 단순화했다. 가장 먼저 할 일은 사람들이 특정 제품이나 서비스를 사용해야 하는 이유를 이해하는 것이다. 그다음은 그것을 위해 고객이 거쳐야 할 단계를 제시하는 것이다. 그리고 마지막으로 할 일은 의도에서 결과까지 일련의 활동들을 파악한 다음 최대한 단순해질 때까지 그 단계들을 하나씩 제거하는 것이다.

그렇게 활동이 일어나는 데 필요한 단계들을 대폭 축소한 첨단 기술이나 제품은 그것을 필요로 하는 사람들 사이에서 채택률이 대폭 올라간다. 하웁틀리의 주장을 한마디로 요약하면 이렇다.

"쉬울수록 더 좋다!"

그런데 혁신의 본질이 이렇게 간단명료하게 설명될 수 있는 것일까? 어쩌면 비교적 최근에 등장한 첨단 기술을 간단히 훑어보는 것이 요점 파악에 더 도움이 될지도 모른다.

수십 년 전, 전화 다이얼을 이용한 인터넷 연결 기술이 처음 등장했을 때 사람들은 마치 마술을 보는 듯 신기해했다. 사용자들이 해야 할 일이라고는 그저 자신의 컴퓨터를 부팅시키고 데스크톱 키보드의 자판을 몇 개 두드린 다음 모뎀 연결음이 울릴 때까지 기다리는 것밖에 없었다. 그렇게 30초에서 1분 정도 지나면 인터넷이 연결되었다. 이메일 확인이나 초기 단계의 웹 검색 속도는 오늘날의 기준에서 보면 끔찍할 정도로 느렸다. 그러나 여타의 정보 탐색 활동과 비교했을 때 전례를 찾아볼 수 없을 정도로 편리함을 제공했다. 이것은 획기적인 첨단 기술이었고 얼마 안 가 인터넷이라고 불리는 이 새롭고 경이로운 세계에 접속하는 수백만 명에게 의례적인 활동이 되었다.

물론 언제 어디에서나 접속이 가능한 초고속 인터넷 환경에 익숙한 오늘날의 사람들에게 2,400보드baud(정보 전송 속도의 단위) 모뎀을 사용한 인터넷 속도는 고문이나 다름없을 것이다. 이제는 주머니 속 휴대 기기를 통해 이메일도 바로바로 확인하는 시대가 아닌가. 공개 웹의 양이 방대해진 것은 말할 것도 없고 다양한 온라인 기기를 사용해서 사진, 음악, 동영상, 문서에 언제 어디에서나 쉽게 접근할 수 있게 되었다. 하웁틀리의 말처럼 행동(인터넷에 접속하는 행동) 개시에 필요한 단계를 축소 혹은 개선하자 채택률이 대폭 상승한 것이다.

그래프를 보면서 온라인에서 콘텐츠를 만드는 사용자의 비율

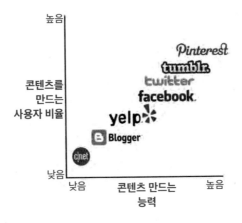

과 콘텐츠를 만드는 능력 간의 상관관계 추이를 한번 살펴보자.

초기 인터넷은 씨넷CNET이나 〈뉴욕 타임스〉 같은 소수의 대중 인쇄매체가 콘텐츠를 제공했다. 극소수의 사람이 다수의 사람을 상대로 읽을거리를 제공했다.

그러나 1990년대 후반, 블로그가 인터넷에 변화의 바람을 몰고 왔다. 블로그가 등장하기 전에는 아마추어 작가들이 자신의 도메인을 구입해서 도메인 이름의 서비스 환경을 설정하고 웹호스트도 구하고 자신이 쓴 글이 인터넷 화면에 나타나도록 콘텐츠 관리 체계도 구축해야 했다. 그런데 갑자기 블로거닷컴 같은 새로운 기업들이 등장하면서 번거로운 단계들이 대폭 사라졌고, 사용자들은 간단히 계정을 등록한 후 자신의 콘텐츠를 포스팅할 수 있게 되었다.

블로거닷컴의 공동 창업자이면서 나중에 트위터 설립에도 참여한 에반 윌리엄스는 두 기업을 성공적으로 설립한 접근법을 소개하며 하웁틀리의 혁신 공식을 상기시켰다.

"인간의 욕구를 한 가지 선택해야 한다. 가급적 오랫동안 우리 주위에 존재해온 욕구일수록 좋다. 그 욕구를 파악한 후 현대의 첨단 기술을 사용해서 복잡한 단계들을 제거해 나가야 한다."

블로거닷컴은 온라인에 콘텐츠를 포스팅하는 활동을 놀라울 정도로 간소화했다. 그 결과 단순히 온라인 콘텐츠를 소비하는 데 머물지 않고 직접 온라인 콘텐츠를 작성하는 사람들이 늘어났다.

페이스북과 다른 SNS의 등장과 더불어 전자 게시판 시스템 Bulletin Board System과 RSSReally Simple Syndication 같은 초창

기 혁신 기술들이 개선되면서 사용자들이 새로운 소식을 바로바로 올리는 일도 가능해졌다.

블로거닷컴이 등장하고 7년 후, 처음에는 '미니 블로그'로 통했던 한 신생 기업이 공유 서비스를 선보였는데 바로 트위터였다. 많은 사람들에게 블로그는 여전히 너무 어렵고 시간이 많이 소모되는 활동이었다. 그러나 가벼운 내용으로 된 짤막한 문자 메시지는 누구라도 손쉽게 작성할 수 있었다. 2012년 기준으로 가입자가 5억 명을 돌파할 정도로 트위터의 채택률이 크게 상승했다.[5]

그러자 '트위팅tweeting'(트위터로 메시지를 전달하는 활동)이라는 용어 또한 미국 전역에서 일상용어로 자리 잡기 시작했다. 업계 전문가들은 처음에는 트위터가 단문 메시지 분량을 140자 이내로 제한한 것에 대해 교묘한 속임수이며 사용이 제한적이라고 깎아내렸다. 그러나 그들은 그런 제약이 오히려 사용자의 창조 능력을 키웠다는 사실은 깨닫지 못했다. 작성 부담이 덜한 간단한 단문을 주고받으며 사용자들은 보다 많은 내용을 공유할 수 있었다. 2013년 후반에 하루 트윗 양이 3억 4,000만 건에 이른 사실만 보더라도 이를 잘 알 수 있다.

시간이 더 흐르자 핀터레스트, 인스타그램, 바인Vine 같은 기업들이 온라인 콘텐츠 작성의 단순성을 새로운 수준으로까지 끌어올렸다. 이제는 재빨리 사진을 찍어 올리거나 흥미로운 이미지를 리핀re-pin하는 활동을 통해서도 다양하게 SNS에서 정보 공유가 이루어지고 있다. 이런 혁신적 패턴은 특정 행동을 보다 쉽게 할 수 있도록 해주면 웹에서 일어나는 연속적인 활동 하나하나를 더욱 자극하게 되고, 어쩌다 한 번씩 하던 콘텐츠 작성을 일상적인 습관으로 바꿀 수 있음을 보여준다.

이처럼 인터넷의 최근 역사에서 알 수 있다시피 행동의 난이도는 그 행동이 일어날 가능성에 많은 영향을 미친다. 그러므로 제품의 단순화에 성공하기 위해 제품 디자이너는 사용자를 가로막는 장애물을 제거해야 한다. 결국 포그 박사의 행동 모델에서 '능력'은 특정 행동을 수행할 수 있는 능력인 것이다.

사용의 난이도를 확 낮춘 스마트한 첨단 기술

포그 박사는 단순성을 구성하는 6가지 요소, 즉 행동의 난이도에 영향을 미치는 요소로 다음을 꼽았다.[6]

○ 시간: 행동하는 데 걸리는 시간
○ 비용: 행동하는 데 드는 금전적 비용
○ 육체적 노력: 행동하는 데 드는 물리적 노동력의 강도
○ 정신적 노력: 행동하는 데 필요한 사고와 집중력의 강도
○ 사회적 일탈: 행동에 대한 타인들의 인식 정도
○ 비일상성: 기존의 일상적 행동들과 부합하는 정도

포그 박사는 행동이 일어날 가능성을 높이고 싶다면 원하는 순간에 사용자에게 가장 부족한 부분을 메워줄 수 있는 단순성에

초점을 맞춰야 한다고 강조한다. 바꿔 말하면 사용자에게 부족한 것, 사용자가 그 행동을 할 때 걸림돌이 되는 것이 무엇인지를 정확히 파악해야 한다.

사용자가 행동하는 데 필요한 시간이 부족하지는 않은가? 행동하는 데 비용이 너무 많이 들지는 않는가? 하루 종일 업무에 시달려 육체적으로 지쳐 있는 상태는 아닌가? 이해하기 힘들 정도로 너무 복잡하지는 않은가? 사용자가 처한 사회적 환경에서 그 행동을 부적절한 것으로 여기지는 않는가? 그 행동이 사용자의 평범한 일상과 너무 동떨어져서 매력을 느끼지 못하는 것은 아닌가?

이런 요소들은 사용자와 그가 처한 상황에 따라 달라질 수 있어서 제품 디자이너들은 '사용자가 다음 단계로 이행하는 것을 가로막는 결핍 요소는 무엇인가?'라는 질문을 던지고 이 질문에 답할 수 있어야 한다. 일반적으로 사용자의 경험을 최대한 간소화하는 데 초점을 맞춘 제품들은 내부 및 외부 갈등을 줄이고 장애물을 제거함으로써 사용자가 포그 박사가 말한 행동선을 넘어서도록 도와준다.

훅 모델의 행동 단계는 제품 디자이너에게 사용자가 보상을 기대하며 단순한 행동을 수행하도록 유도할 방법을 생각해보고 단순성에 영향을 미치는 포그의 6가지 요소를 두루 서 한다. 행동이 쉬워지면 사용자가 그 행동을 실행에 옮기고, 훅 모델의 다음 단계에서도 선순환이 계속 이루어질 수 있다.

지금부터는 몇몇 성공한 기업들을 이야기해보고자 한다. 훅 모델의 다음 단계로 사용자를 재빨리 이동시키는 데 활용되는 단순한 온라인 인터페이스 사례들이다.

페이스북 로그인 대체

일반적으로 앱이나 웹사이트의 계정에 등록하려면 몇 단계의 복잡한 과정을 거쳐야 한다. 사용자는 이메일 주소를 기입하고 비밀번호를 만들고 이름, 전화 번호 같은 기타 정보를 입력하게 된다. 하지만 이 번거로운 과정에 상당한 저항감을 느껴 계정 등록 자체를 꺼리는 사용자가 많다. 휴대 기기의 경우 작은 화면과 더딘 입력 속도 때문에 사용자는 더더욱 어려움을 느낄 수밖에 없다.

하지만 오늘날에는 페이스북 로그인 프롬프트를 통해 특정 웹을 검색하거나 핸드폰 앱을 사용하기가 아주 용이해졌다. 많은 기업들이 기존의 페이스북 인증을 이용해서 자사의 사이트에 접근하도록 등록 절차를 대폭 간소화했기 때문이다. 페이스북 로그인으

맛집 앱 옐프yelp 이용을 위한 페이스북 로그인 프롬프트.

로 대체하는 기능은 시간에 쫓기는 사람에게 아주 유용하다.

하지만 여기서 유의해야 할 점이 있다. 이 기능이 모든 사람의 등록을 용이하게 하는 것은 아니라는 사실이다. 예를 들어, 페이스북의 개인정보 공유 방식에 경계심을 갖는 사용자라면 이런 식의 로그인 기능을 유용하다고 생각하지 않을 수도 있다. 오히려 SNS의 최강자인 페이스북의 신뢰성과 관련해서 새로운 불안과 더 많은 걱정을 유발할 수 있다는 얘기다.

다시 한번 말하지만 사용자를 가로막는 장애물은 개개인과 그들이 처한 상황에 따라 다르다. 모든 사람, 모든 상황에 적용할 수 있는 만능 해결책이란 이 세상 어디에도 존재하지 않는다. 그렇기 때문에 제품 디자이너들은 사용자가 직면하는 다양한 문제들을 파악하기 위해 더 많은 노력을 기울여야 한다.

트위터의 공유 버튼

트위터는 사람들이 인터넷에서 발견한 기사, 동영상, 사진, 기타 콘텐츠들을 쉽게 공유할 수 있게 해준다. 트윗을 통해 전달되는 메시지 중 25퍼센트는 링크가 되어 있다는 사실에 주목한 이 회사는 웹사이트가 링크된 트윗 전달이 최대한 쉽게 이루어지도록 엄청난 노력을 기울였다.[7]

그렇게 해서 탄생한 것이 트위터 공유 버튼이다. 쉽게 공유할 수 있도록 트위터가 제3의 웹사이트에 공유 버튼을 제공하면서 제3의 웹사이트를 방문한 사용자는 한 번의 클릭만으로 곧바로 트윗을 보낼 수 있게 되었다. 이런 외부 트리거는 트윗을 작성해야 하는

트위터의 공유 버튼.

인지 노력을 줄여주어 복잡한 공유 과정을 거치지 않고도 사전에
조정된 메시지 창을 쉽게 열 수 있게 했다.

구글 검색

전 세계적으로 가장 인기가 많은 검색 엔진인 구글은 사실 해
당 산업에 가장 먼저 진출한 회사는 아니었다. 1990년대 후반 처
음 서비스를 개시했을 당시, 이미 야후, 라이코스, 알타비스타, 익
사이트 같은 쟁쟁한 기업들이 버티고 있었기에 경쟁이 불가피했다.
그렇다면 구글은 수십억 달러 규모의 거대 시장을 어떻게 평정할
수 있었을까?

무엇보다도 구글의 페이지랭크PageRank 알고리즘이 해당 웹
색인을 만드는 데 아주 효과적이었다. 구글은 다른 사이트들의 링
크 빈도수를 바탕으로 웹페이지의 순위를 매김으로써 검색의 정확
도를 높였다. 야후처럼 디렉토리에 기반을 둔 검색 엔진과 비교했

을 때 구글의 이 방식은 검색 시간을 크게 줄여주었다.

그러나 구글의 성공 요인은 이것만이 아니다. 구글은 쓸데없는 콘텐츠와 광고가 넘치는 다른 검색 엔진들과의 차별성을 부각시키는 일도 성공했다. 처음 서비스를 개시할 때부터 구글의 깨끗하고 단순한 홈페이지와 검색된 페이지는 검색 활동의 간소화와 연관된 결과를 띄우는 데만 초점이 맞춰져왔다.

간단히 말하면 구글은 사용자가 필요한 내용을 찾을 때 소요

1998년경 야후의 홈페이지.

1998년경 구글의 홈페이지.

되는 시간과 인지 노력을 줄여주었다. 구글은 사소한 것이라도 사용자의 검색 활동에 방해가 되는 것은 모두 제거하기 위해 항상 노력하며 검색 엔진을 계속 개선했다. 홈페이지를 최대한 깨끗한 상태로 유지하는 한편 이제는 검색이 보다 빠르고 쉽게 이루어지도록 다양한 도구들도 제공한다. 자동으로 스펠링이 수정되고, 부분질문을 바탕으로 예상 결과들을 제시하고, 사용자가 검색 내용을 입력하는 동안에도 검색 결과들이 화면에 나타나는 기능들이 모두 그 예에 해당한다. 구글의 이런 끊임없는 개선의 노력에는 검색활동을 보다 쉽게 해줌으로써 사용자가 다른 검색 엔진으로 눈을 돌리지 않고 계속 구글을 이용하게 하려는 의도가 숨어 있다.

아이폰의 사진 촬영

소중한 순간들은 순식간에 나타났다가 사라질 때가 많다. 우리는 그 순간들을 사진에 담고 싶어 한다. 그러나 카메라가 곁에 없거나 조작하기가 번거로워 즉시 사진을 찍을 수 없다면 그 순간들을 영원히 놓치게 된다. 애플은 사진 촬영의 용이성을 높이면 아이폰 사용자가 더 많은 사진을 찍을 수 있다는 사실에 주목했다. 그렇게 해서 탄생한 것이 암호를 입력하지 않아도 잠금 상태에서 곧바로 작동되는 카메라 앱이다. 사진 촬영 앱에 도달하기 위해 몇 단계의 절차를 거쳐야 하는 다른 스마트폰들과 달리 아이폰은 초기 화면에 있는 카메라를 살짝 터치하기만 하면 곧바로 사진 촬영이 가능하다. 아이폰의 이 기능은 재빨리 사진을 찍고 싶은 사용자들 사이에서 엄청난 인기를 끌며 해당 시장을 독점할 수 있게 해주었다.

잠금 해제 없이
곧바로 촬영하는 아이폰.

핀터레스트의 스크롤링

어떻게 하면 웹사이트 검색을 좀 더 쉽게 할 수 있을까? 이에 대한 해결책으로 디지털 사진 공유 사이트 핀터레스트가 유행시킨 방법이 무한 스크롤이다. 과거에는 하나의 화면에서 다음 화면으로 넘어가려면 클릭을 하고 기다려야 했다. 하지만 핀터레스트에서

핀터레스트의 무한 스크롤.

는 페이지 하단에 가까워지면 더 많은 결과들이 자동 탑재된다. 그래서 사용자가 중간에 기다리거나 멈출 필요 없이 선택한 사진이나 웹사이트에 올라 있는 사진을 계속 스크롤해서 볼 수 있다.

지금까지 소개한 기업들의 사례를 보면 단순성이 사용자의 행동을 얼마나 많이 유도하는지를 알 수 있다.

동기와 능력, 무엇을 먼저 키워야 할까?

사용자 행동을 유도하는 트리거를 파악하고 습관으로 전환시킬 행동을 결정했다면 사용자의 바람직한 행동을 촉발할 동기와 능력을 키워야 한다. 그렇다면 동기와 능력 중 어느 쪽에 먼저 투자해야 할까? 당신의 시간과 자금을 어디에 쏟아 붓는 것이 좀 더 효과적일까?

정답은 언제나 능력에 먼저 투자해야 한다는 것이다. 물론 사용자의 행동이 일어나기 위해서는 B=MAT라는 공식의 3가지 구성 요소가 모두 존재해야 한다. 분명한 트리거와 충분한 동기가 결여된 상태라면 어떤 행동도 일어나지 않을 것이다. 그러나 첨단 기술로 무장한 해결책을 개발하는 회사는 제품의 사용이 최대한 쉬워야 최고의 투자 수익률을 거둘 수 있다.

사실 동기를 키우기 위해서는 엄청난 비용과 시간이 든다. 웹사이트 방문자들은 일반적으로 안내 문구를 무시하는 경향이 있다.

웹사이트에 들어가는 즉시 자신이 해야 할 몇 가지 임무로 관심이 분산되기 때문에 뭔가를 왜 해야 하고, 어떻게 해야 하는지 설명을 볼 여유가 없다. 그래서 행하는 데 필요한 노력을 줄여주는 식으로 행동에 영향력을 미치는 일이 그 행동을 하고 싶은 욕구를 키우는 일보다 훨씬 효과적일 수밖에 없다. 사용법을 설명하지 않아도 사용자가 쉽게 알 정도로 제품을 단순화한다면 시장에서 분명 성공을 거둘 것이다.

트위터는 홈페이지를 왜 자꾸 바꿨을까?

2009년 당시 트위터 홈페이지는 짧은 글과 수십여 개의 링크로 가득했다. 특히 트위터에 익숙하지 않은 신규 사용자에게 이런 홈페이지 구성은 아주 복잡하고 혼란스러웠다. 그리고 트위터가 제안하는 '친구, 가족과의 활동 공유'라는 가치 역시 대다수 사용자에게서 어떤 반향도 이끌어내지 못했다. 사용자들은 오히려 "누가 자기 활동을 다른 사람들에게 광고하고 싶겠어"라는 의구심을 표했다. 그 정도로 당시 트위터 홈페이지는 사용자들로부터 높은 수준의 관심과 이해를 요구했다.

1년 후 트위터는 홈페이지를 다시 제작하면서 '지금 벌어지고 있는 일들을 공유하고 발견할 수 있는' 서비스라는 점을 부각시켰다. 수정된 트위터 홈페이지는 사용자 행동의 용이성에 좀 더 초점을 맞추었지만 시각적인 번잡함은 여전했다. 더 안타까운 사실은

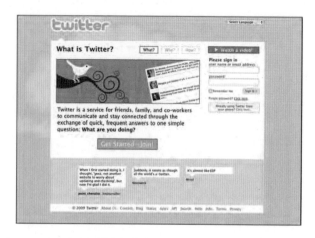

2009년 트위터 홈페이지.

사용자가 수행할 가능성이 가장 높았던 검색 활동이 트위터가 정말 원하던 사용자 행동이 아니었다는 것이다. 트위터 경영진은 초기 사용자들을 통해 사람들이 누군가를 팔로잉하면 트윗 활동에 계속 참여하고 이것이 습관이 될 가능성이 높다는 사실을 알게 되었다. 그러나 트위터에서의 검색 활동은 그런 사업 목표에 전혀 도움이 되지 않았다. 결국 트위터 경영자들은 또다시 홈페이지를 수정하기로 결정했다.

트위터가 초고속 성장을 하는 동안 이 회사의 홈페이지는 급격히 단순해져갔다. 소개글도 140자 정도로 대폭 축소하고, 문구도 "지금 이 순간 당신의 소중한 사람들과 단체에 어떤 일이 일어나고 있는지 확인해보세요!"라고 훨씬 부담이 덜한 내용으로 교체했다. 자신의 소식을 다른 사람들에게 널리 알리라며 받아들이기 어려운

2010년 트위터 홈페이지.

2012년 트위터 홈페이지.

요구를 하던 2009년 홈페이지와 비교하면 엄청난 발전이었다.

콘서트나 축구 경기장처럼 밝게 빛나는 어떤 장소를 응시하는 사람들의 모습을 크고 진하게 처리한 홈페이지 화면은 호기심을 자극하면서 해당 서비스의 가치를 은유적으로 잘 표현한다. 가장 눈에 띄는 차이점은 2개의 행동 개시 요구가 분명하게 드러난다는 것이다. 로그인을 하거나 회원 가입을 하라는 것이다. 사용자가 트위터 홈페이지를 방문해서 서비스를 직접 경험해보게 유도하는 것이 트위터를 사용하라고 설득하는 것보다 훨씬 효과적이라는 사실을 깨달은 트위터는 이런 식으로 자신들이 원하는 사용자 행동을 최대한 간소화했다.

트위터의 2012년 실적이 2009년보다 개선되었다는 사실에도 우리는 주목할 필요가 있다. 트위터의 인기가 상승하자 입소문이 더 많이 퍼지면서 더 많은 사람들이 트위터를 방문하기 시작했다.

트위터 홈페이지의 진화 과정을 살펴보면 이 회사가 사용자들에게 가장 취약한 부분을 어떤 식으로 발견했는지 분명하게 알 수 있다. 2009년 홈페이지는 사람들의 동기를 끌어올리는 데 역점을

2013년도 트위터 홈페이지.

두었다. 그러나 2012년에 이르러 트위터의 경영진은 사용자들이 해당 서비스에 대해 많이 알고 있어도 그들이 트위터에 계정을 만들어 다른 사람들을 팔로잉하도록 유도하는 것이 훨씬 높은 사용자 참여도로 이어진다는 사실을 알게 되었다.

이후 트위터는 스마트폰용 앱 다운로드를 장려하기 위해 홈페이지를 약간 수정했다. 로그인 또는 회원 가입란을 크게 확대한 2012년 홈페이지의 단순미를 그대로 유지하면서 사용자의 스마트폰에 트위터 앱을 설치하도록 유도하면 반복 참여율이 극대화된다는 사실을 정확히 꿰뚫어 본 것이다.

우리도 모르게 우리를 움직이는 심리적 편향들

앞에서 포그 박사의 핵심적인 동기 유발 요인들과 행동 발생 가능성에 영향을 미치는 단순성의 6가지 요소를 살펴보았다. 이 요소들은 사람들이 합리적인 판단을 내리도록 가장 이상적으로 대응할 수 있는 행동을 상기시킨다. 예를 들어, 경제학개론 수업을 들은 학생은 가격이 떨어지면 사람들의 소비가 더 늘어나는 것을 알게 된다. 포그 박사의 시각에서 보면 이런 상황은 가격이 하락함으로써 소비자의 능력이 상승하는 것이라고 할 수 있다.

하지만 다른 많은 인간 행동 이론들과 마찬가지로 아주 단순해 보이는 이 원칙에도 예외가 존재한다. 노벨 경제학상을 수상한 대니얼 카너먼 등 행동경제학 분야의 저명 학자들이 실행한 여러 연구에서 인간 행동의 합리적 모델이 지닌 예외들을 발견할 수 있다. 단적인 예로, 가격이 하락하면 사람들이 더 많이 소비한다는 생각 역시 하나의 경향일 뿐 절대적 진리는 아니다.

기업들이 휴리스틱heuristic을 정확히 이해한다면 사용자의 동기나 능력을 끌어올리는 데 활용할 수 있는 놀랍고도 반직관적인 방법들은 많다. 여기서 휴리스틱이란 의사 결정을 하거나 의견을 형성할 때 취하는 인지적 지름길을 말한다. 우리의 두뇌가 지닌 이런 몇 가지 편향에 대해 잠깐 설명하고 지나가야 할 것 같다. 사용자는 자신의 행동에 미치는 이 영향력을 잘 인식하지 못하지만 우리는 휴리스틱을 이용해 사용자의 행동을 어느 정도 예측할 수 있다.

희소성 효과Scarcity Effect

1975년 워첼, 리, 애드올 세 명의 연구자들이 하나의 실험을 실시했다. 모양과 크기가 똑같은 2개의 유리병 속에 든 쿠키에 대해 사람들이 어떤 식으로 가치를 매기는지를 알아보는 실험이었다.[8] 한쪽 병에는 쿠키 10개가, 다른 쪽 병에는 쿠키 2개가 들어 있었다. 사람들은 어느 쪽 병에 더 높은 가치를 매겼을까?

쿠키와 유리병이 모두 동일한데도 사람들은 거의 비어 있다시피 한 병 속 쿠키를 더 높이 평가했다. 겉으로 드러나는 희소성이 그들이 가치를 인식하는 데 영향을 미친 것이다.

그 이유를 설명하는 이론은 많다. 한 이론에서는 희소성이 그 대상에 대해 어떤 신호를 보냈을 것이라고 주장한다. 품목이 적을

수록 사람들은 자신이 모르는 어떤 사실을 다른 사람들은 알고 있기 때문에 그런 결과가 나타났다고 생각한다는 것이다. 즉 거의 비어 있다시피 한 병 속 쿠키가 더 나은 선택이라고 여긴다는 얘기다. 쿠키가 2개 들어 있는 병이 귀중한 정보를 전달할 수도 있지만 동일한 쿠키이기 때문에 그것은 아무 의미가 없는 정보다. 그런데도 희소성에 대한 인식이 가치에 대한 사람들의 생각을 바꿔버렸다.

그다음 세 연구자들은 쿠키가 갑자기 적어지거나 많아지면 쿠키의 가치에 대한 인식이 어떻게 변하는지 알아보는 실험을 했다. 실험 참가자들에게 쿠키가 2개 들어 있는 병과 10개 들어 있는 병 중 하나를 건넸다. 그러고 나서 10개짜리 병에서 쿠키를 8개 덜어내고, 2개짜리 병에는 8개를 새로 넣어주었다. 이런 변화는 쿠키의 가치에 대한 사람들의 생각에 어떤 영향을 미쳤을까?

결과는 희소성 휴리스틱과 일관되게 나타났다. 쿠키가 2개밖에 남지 않은 사람들은 쿠키의 가치를 더 높게 평가한 반면 쿠키가 2개에서 10개로 늘어난 사람들은 자신이 가진 쿠키의 가치를 낮게 평가했다. 실제로 처음에 10개에서 시작했던 사람들보다 나중에 10개로 늘어난 사람들이 쿠키의 가치를 훨씬 낮게 인식했다. 이 실험은 처음에 적은 개수에서 시작해서 점점 늘릴 경우, 제품 가치에 대한 인지가 줄어든다는 점을 보여준다.

품목 부족에 대한 인식이 매출 증대에 어떤 효과를 가져오는지를 보여주는 사례로 아마존만큼 안성맞춤인 것은 없을 것이다. 얼마 전 아마존에서 DVD 하나를 검색했는데 "재고가 14개밖에 남지 않았다"라는 문구가 나타났다. 또 예전부터 구입하려고 생각해

The Fighter (2010)
Christian Bale (Actor), Mark Wahlberg (Actor), David O. Russell (Director) | Rated: R | Format: DVD
★★★★★ ☑ (287 customer reviews)

List Price: $14.98
    Price: $8.99 ✓Prime
You Save: $5.99 (40%)

Only 14 left in stock.
Sold by newbury_comics and Fulfilled by Amazon. Gift-wrap available.

"재고가 14개밖에 남지 않았다"라는 아마존 문구.

둔 책을 검색했더니 역시 "3권밖에 남지 않았다"라는 문구가 나타
났다. 내가 구입하려고 한 물건들이 세계 최대의 온라인 소매점에
서 정말 매진이 임박한 상태였을까? 혹시 아마존이 내 구매 행위
에 영향을 미치기 위해 희소성 휴리스틱을 사용한 건 아닐까?

프레임 효과Framing Effect

상황 역시 인식의 형성에 영향을 미친다. 세계적인 바이올리니
스트 조슈아 벨이 한 사회 실험에 참가해 워싱턴 DC의 지하철역에
서 무료로 즉흥 콘서트를 가졌다.[9] 조슈아 벨은 케네디센터, 카네
기홀에서 연주회를 가질 때마다 수백 달러를 호가하는 티켓이 전
부 매진될 정도로 유명한 바이올린 연주자다. 하지만 그런 그가 워
싱턴 DC의 지하철역에서 공연을 할 때는 아무도 그의 연주에 귀를
기울이지 않았다. 자신들이 지금 세계적인 유명 바이올리니스트 곁
을 지나가고 있다는 사실을 아는 사람이 거의 없었기 때문이다.

우리의 뇌는 주변 상황에 의해 형성된 지름길을 선택하려는 경
향이 강하다. 그래서 신속하지만 잘못된 판단을 내릴 때가 많다.

조슈아 벨이 지하철역에서 바이올린 연주를 할 때도 그의 연주를 듣기 위해 가던 길을 멈추는 사람은 거의 없었다. 하지만 만약 장소가 콘서트홀이었다면 사람들은 고액을 내고서라도 그의 연주를 들으려고 했을 것이다.

그러나 이런 프레임 휴리스틱은 우리의 행동에만 영향을 미치는 것이 아니다. 우리의 뇌가 즐거움을 인지하는 방식에도 영향을 미칠 수 있다. 일단의 연구자들이 와인 가격이 와인 시식에 어떤 영향을 미치는지를 실험해본 적이 있었다.[10] 그들은 실험 참가자들에게 기능자기공명영상fMRI 기기 안에서 샘플 와인을 마시게 했다.

기능자기공명영상 기기가 피실험자들의 다양한 두뇌 부위의 혈류를 정밀 촬영하는 동안 연구자들은 샘플 와인의 가격에 대해 알려주었다. 와인의 가격은 5달러에서 시작해 90달러까지 높여갔다. 그런데 흥미롭게도 와인의 가격이 비쌀수록 피실험자들이 느끼는 즐거움도 같이 상승했다. 그들 스스로도 비싼 와인을 마실 때가 더 즐겁다고 말했고, 그들의 두뇌를 촬영한 기기 또한 그들의 기분 상태를 그대로 보여주었다. 기능자기공명영상 촬영 결과 즐거움을 관장하는 두뇌 부위에 혈류가 급증한 것을 발견했기 때문이다.

실험 참가자들은 그들이 매번 똑같은 와인을 시식하고 있다는 사실을 깨닫지 못했다. 이 연구는 제품이 어떤 외피를 두르고 있느냐에 따라 개인의 현실 인식이 크게 달라질 수 있음을 적나라하게 보여준다. 객관적 품질과 아무 관련이 없을 때도 사람들의 이런 인식은 변하지 않았다.

닻내림 효과Anchoring Effect

"30퍼센트 가격 인하", "한 개를 사면 한 개가 공짜!"라는 판촉 문구가 적힌 상점을 그냥 지나치기란 생각만큼 쉽지 않다. 그런데 이런 판촉 활동은 사업의 이윤을 극대화하기 위해 사용되는 경우가 많다. 해당 상점 안에는 분명 품질은 비슷하지만 좀 더 저렴한 제품이 있을 것이다. 하지만 그것은 가격 할인 행사 품목이 아닐 것이다.

얼마 전 한 상점에 들어갔는데 러닝셔츠 세 장이 든 팩 하나를 29.5달러에 구입하면 다른 팩 하나를 반값에 살 수 있다는 문구를 보게 되었다. 그런데 다른 제품들을 둘러보다가 다른 브랜드 제품이 다섯 장을 한데 묶어 34달러에 판매되고 있는 것을 발견했다. 잠깐 동안 멈춰 서서 한 장당 가격을 비교해본 나는 실제로는 가격을 인하하지 않은 제품이 '가격 인하' 제품보다 더 싸다는 사실을 알게 되었다.

이처럼 사람들은 한 가지 정보에만 근거해서 의사 결정을 할 때가 많다. 나 역시 두 브랜드 간의 차별화된 특성, 즉 한쪽은 가격을 인하하고 다른 한쪽은 가격을 인하하지 않는다는 사실만 가지고 속옷을 구입할 뻔했다.

부여된 진행 효과Endowed Progress Effect

지속적인 구매를 장려하기 위해 펀치나 도장을 쿠폰 카드에 찍어서 주는 상점을 심심찮게 발견할 수 있다. 이런 상점에서 구매할 때마다 고객들은 공짜 물품이나 서비스를 받을 기회에 점점 다가

간다. 일반적으로 이런 카드가 약속하는 보상은 공허한 보상에 지나지 않고, 고객들은 사실상 완수 확률 0퍼센트에서 시작할 때가 많다. 또 펀치가 찍힌 자리에 또다시 펀치를 찍는 상점도 있을 수 있다. 하지만 이미 약간의 진전이 있는 상태에서 시작한다면 어떨까? 그러면 사람들은 좀 더 적극적으로 구매 행동에 나설까? 연구자들이 이 물음의 답을 알아보기 위해 실험을 해보았다.[11]

연구자들은 고객을 두 그룹으로 나누고 카드의 펀치를 모두 채울 경우, 무료 세차 서비스를 제공하는 카드를 나눠주었다. 한쪽 그룹에게는 8개의 공란이 모두 비워진 펀치 카드를, 다른 그룹에게는 10개의 공란 중 이미 2개에 무료 펀치가 제공된 카드를 주었다. 두 그룹 모두 한 번의 무료 세차 기회를 얻기 위해 아직도 8번이나 세차를 하러 와야 했다. 하지만 두 번째 그룹, 즉 2개의 펀치를 공짜로 받은 사람들의 경우, 펀치 카드를 모두 채운 비율이 첫 번째 그룹보다 무려 82퍼센트나 높았다. 이 연구는 자신이 특정 목표에 근접해가고 있다고 여기면, 동기가 크게 상승하는 '부여된 진행 효과'를 그대로 보여준다.

링크드인, 페이스북 역시 이런 휴리스틱을 적극 활용해서 온라인 프로필을 작성할 때 사용자가 자신의 정보를 더 많이 제공하도록 유도한다. 링크드인의 경우 모든 사용자가 비슷비슷한 진행 상태에서 출발한다. 그다음은 추가 정보를 제공해서 '자신의 프로필 강점을 더욱 높이는' 단계가 된다. 각 단계를 마칠 때마다 진행 상황이 어느 정도 증가했는지 미터기를 통해 사용자에게 보여준다. 영리하게도 링크드인의 완료 막대 미터기는 진행 상황을 사람들이

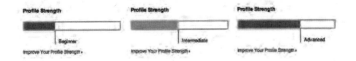

링크드인이 제시하는 사용자의 프로필 강점 막대 미터기.

인지하도록 유도하지만 그것을 수치로 표시하지는 않는다. 그래서 신규 가입자에게 적정 수준의 프로필 작성은 그렇게 요원한 일처럼 보이지 않는다. 심지어 '고급 단계'에 도달한 사용자에게는 최종 목표를 향해 조금씩 밟아나가야 할 추가 단계들이 계속 남아 있다.

사람들은 대부분 자신이 이런 심리적 편향으로 하루에도 여러 번 순간적인 결정을 내리고 있다는 사실을 잘 인식하지 못한다. 심리학자들은 인간의 다양한 행동에 영향을 미치는 수백 가지의 인지 편향이 존재한다고 주장한다. 그리고 여기에 설명한 4가지는 극히 일부에 지나지 않는다.[12] 사용자 습관을 만들어내는 제품 디자이너들에게는 사용자의 동기와 능력을 고양시킬 이 방법들을 이해하고 활용하는 일이 아주 중요하다.

《매혹적인 인터랙션 디자인Seductive Interaction Design》의 저자 스티븐 앤더슨은 이런 방법을 사용해서 디자이너들이 보다 나은 제품을 개발할 수 있도록 멘탈 노트Mental Notes를 선보였다.[13] 50개 카드에 다양한 인지 편향에 대한 간략한 설명이 적힌 멘탈 노트는 그 원칙들을 어떤 식으로 활용하면 좋을지에 대해 제품 개발자들의 대화를 유도하는 것이 목적이다. 예를 들어, 바람직한 사용자 행동의 발생 가능성을 높이기 위해 '부여된 진행 효과'나 '희소성 효과'를 어떻게 활용할지 팀원들끼리 질문을 던져보는 것이다.

***

이번 장에서는 사용자를 트리거 단계에서 행동 단계로 나아가게 할 방법을 살펴보았다. 지금까지 인지 편향이 인간의 행동에 어떤 영향을 미치는지, 그리고 보상을 기대하는 행동을 어떤 식으로 단순화해야 훅 모델의 다음 단계로 사용자를 유도할 수 있는지에 대해 논의했다.

훅 모델의 처음 두 단계를 성공적으로 이행했다면, 이제는 사용자에게 그에 걸맞은 보상을 제공할 시간이다. 그들의 가려운 곳을 긁어줄 만한 보상 말이다. 그러나 사용자가 원하는 보상은 정확히 무엇일까? 습관 행동과 첨단 기술 쪽으로 우리를 이끄는 것은 무엇일까? 우리 모두가 알고 싶어 하는 이런 물음에 대한 답을 다음 장에서 만나볼 수 있다.

기억하고 공유해야 할 사항

○ 행동은 훅 모델의 두 번째 단계다.

○ 훅 모델에서 행동은 보상을 기대하면서 수행하는 아주 간단
한 행동을 말한다.

○ 포그 박사가 주장한 행동 모델을 요약하면 다음과 같다.

 – 어떤 행동이 일어나기 위해서는 3가지가 동시에 충족되어야
한다. 트리거가 존재해야 하고, 행동에 필요한 능력과 동기가
충분히 갖춰져야 한다.

 – 모든 행동은 3가지 핵심적인 동기 유발 요인들 중 하나에 의
해 촉발된다. 즐거움 추구/고통 회피, 희망 추구/두려움 회피,
사회적 수용 추구/사회적 거부 회피가 그것이다.

 – 능력은 시간, 돈, 육체적 노력, 정신적 노력, 사회적 일탈, 비일
상성이라는 6가지 요소의 영향을 받는다. 그리고 이것은 사
용자와 그가 처한 상황에 따라 달라진다.

○ 사용자가 더 많이 행동하도록 유도하고 싶다면 제품 디자이
너들은 다양한 심리적 편향을 잘 활용할 수 있어야 한다.

지금 해야 할 일

앞 장에서 작성한 답변들을 참고해서 다음 질문에 답해보라.

○ 당신의 제품이나 서비스를 사용하기 위해 사용자가 거쳐야
하는 단계를 천천히 떠올려보라. 사용자가 내부 트리거를 느
끼는 시점부터 기대한 결과를 얻는 단계까지 하나씩 살펴본

다. 사용자는 기대한 보상을 얻기까지 얼마나 많은 단계를 거쳐야 하는가? 그 과정은 이번 장에서 소개한 몇 가지 사례들과 비교할 때 어느 정도 단순한가? 그리고 경쟁 관계에 있는 제품 및 서비스와 비교할 때는 얼마나 단순한가?

○ 행동을 하는 데 필요한 사용자의 능력을 무엇이 제한하고 있는가?
  - 시간
  - 돈
  - 육체적 노력
  - 정신적 노력
  - 사회적 일탈
  - 비일상성

○ 당신이 의도한 행동을 사용자가 더 쉽게 하게 하는 방법 세 가지를 떠올려보라.

○ 당신이 의도한 행동으로 더 많이 유도하기 위해 심리적 편향을 어떤 식으로 적용하면 좋을지 생각해보라.

Part 4

혹 3단계: 가변적 보상
누구나 가려운 곳을 긁어줄 적절한 보상을 원한다

가변적 보상

궁극적으로 모든 제품은 사용자가 목표를 달성할 수 있도록 도와준다. 앞 장에서 설명한 것처럼 의도된 행동을 하는 데 필요한 단계들을 대폭 축소하면 그 행동이 일어날 가능성이 높아진다. 그러나 사용자의 참여를 계속 이끌어내려면 제품이 내건 약속이 이행되어야 한다. 트리거 내용에서 설명한 바 있는 학습된 연상 작용이 일어나려면 사용자가 제품을 자신의 문제에 대한 해결책으로 신뢰하고 그것에 점점 의존해야 한다. 가려운 곳을 시원하게 긁어줌으로써 사용자의 문제를 해결해주어야 한다.

훅 모델의 세 번째 단계는 가변적 보상이다. 이 단계에서 당신은 사용자의 문제를 해결하고, 앞 단계에서 사용자가 한 행동의 동기를 더욱 강화하면서 사용자에게 보상을 제공한다. 그러나 보상, 특히 가변적 보상이 강력한 힘을 발휘하는 이유를 이해하기 위해서는 먼저 인간의 두뇌 작용에 대한 이해가 선행되어야 한다.

보상에 대한 우리의 열망

1940년대에 제임스 올즈와 피터 밀너라는 두 연구자는 두뇌에 있는 특정 부위가 인간이 가진 갈망의 근원이라는 사실을 우연히 밝혀냈다. 두 사람은 실험용 쥐들의 뇌에 전극을 심어 쥐들이 스스로 대뇌 중격의지핵(감정과 보상을 담당하는 뇌 부위다—옮긴이)에 약한 전기 자극을 가하게 했다.[1] 그리고 쥐들은 얼마 안 가 그 자극에 중독되고 말았다. 올즈와 밀너는 이 실험에서 쥐들이 음식과 물을 포기하고 심지어 전기가 흐르는 격자 판을 통과해야 하는 고통을 감수하면서까지 자극 레버를 계속 누르려 한다는 사실을 발견했다.

그로부터 몇 년 후, 다른 연구자들이 두뇌의 동일 부위에 스스로 자극을 가했을 때 인간의 경우에는 어떤 식으로 반응하는지 실험을 했다. 그 결과 쥐를 대상으로 한 실험만큼이나 놀라운 사실이 드러났다. 피실험자들 역시 해당 부위를 자극하는 버튼을 끊임없이 누르고 싶어 한 것이다. 심지어 기계의 전원이 꺼진 상태에서도 계속 버튼을 눌러댔다. 그런 행동을 멈추지 않는 피실험자들을 연구자들이 억지로 기계에서 떼어놓아야 할 정도였다.

일찍이 동물 실험에서 발견한 반응을 토대로 올즈와 밀너는 두뇌에서 즐거움을 관장하는 중추를 발견했다고 결론을 내렸다. 사실 오늘날 우리는 우리의 기분을 즐겁게 해주는 다른 것들 역시 동일한 신경 부위를 활성화한다는 사실을 알고 있다. 섹스, 맛있는 음식, 싼 값에 구입한 물건, 심지어 우리가 사용하는 디지털 기기 모두 두뇌의 동일 부위를 자극해서 다양한 행동을 수행하도록 촉진한다.

하지만 또 다른 연구를 통해 우리는 올즈와 밀너의 실험이 즐거움 자체를 자극한 것은 아니었음을 알게 되었다. 스탠퍼드 대학의 브라이언 넛슨 교수는 사람들이 기능자기공명영상 기기 안에서 도박을 할 때 두뇌 혈류량의 변화를 측정하는 실험을 실시했다.[2] 실험 참가자들이 도박을 하는 동안 두뇌의 어떤 부위가 점점 활성화되는지를 살펴본 것이다. 그런데 보상(도박으로 돈을 따는 것)을 받긴 하지만 그것이 기대하고 있던 것일 때는 대뇌 중격의지핵이 활성화되지 않는다는 아주 놀라운 사실을 알아냈다.

이 연구는 우리의 행동을 유도하는 것은 보상 자체에서 느끼는 기분이 아니라 보상에 대한 열망을 완화하고자 하는 욕구라는 사실을 알려준다. 결국 올즈와 밀너의 실험에서와 마찬가지로 뇌에서 일어나는 욕구에 대한 스트레스가 인간이 행동에 나서도록 유도한다는 얘기가 된다.

인간은 변하지 않는 것에는 흥미를 못 느낀다

혹시 유튜브에서 갓난아기가 난생 처음 개와 대면하는 동영상을 본 적이 있는가? 아직 보지 못했다면 꼭 한번 보길 바란다. 동영상에 등장하는 아이의 모습이 아주 귀여울 뿐 아니라 인간의 마음에 있는 배선 구조에 대한 중대한 사실을 확인할 수 있다.

처음으로 개를 본 갓난아기의 표정은 이렇게 묻는 듯하다.

"이 털복숭이 괴물이 지금 우리 집에서 뭐하는 거지? 나를 해치려는 걸까? 그다음에는 또 뭘 하려고?"

아이의 표정에는 호기심이 가득하면서도 이 생명체가 자신에게 해를 끼칠지 모른다는 불안이 담겨 있다. 그러나 아이는 금방 로버(개 이름)가 위협적인 존재가 아니라는 사실을 알아차린다. 아이는 까르르 웃음을 터뜨리며 옆에 있는 사람들까지 덩달아 웃게 한다. 불확실성으로 인해 흥분과 불안을 느꼈지만 자신에게 해를 끼치지 않는다는 것을 알고 웃음을 통해 그동안 억눌려 있던 감정이나 스트레스를 발산하는 것이라고 연구자들은 주장한다.[3]

이 동영상에는 나오지 않지만 그 뒤로 시간이 흐르면 다음과 같은 상황이 전개될 것이다. 몇 년 후, 한때 로버를 보며 엄청난 흥분을 느끼던 아이는 이제 더 이상 로버에게 관심을 갖지 않는다. 로버가 어떻게 행동할지 알기 때문에 흥미나 재미를 느끼지 못한다. 이제 아이의 머릿속을 차지하고 있는 것은 덤프트럭, 소방차, 자전거, 새로운 장난감들이다.

앞으로 일어날 상황을 예측하게 될 때까지 이 물건들은 계속 아이의 감각을 자극할 것이다. 가변성이 없으면 그다음 벌어질 상황을 쉽게 알 수 있으므로 더 이상 흥분이나 흥미를 느끼지 못하는 것이다. 이런 점에서 보면 우리도 이 아이와 다를 것이 전혀 없다. 개에게 적용된 규칙은 제품에도 그대로 적용될 수 있다. 계속해서 사용자의 관심을 끌기 위해 끊임없이 새로움을 추구해야 한다.

수천 년간 진화를 거듭해온 인간의 두뇌는 앞으로 전개될 상황을 어느 정도 예측할 수 있다. 그래서 특정 상황의 인과관계를 파악한 후에는 해당 정보를 기억 속에 저장해둔다. 습관이란 간단히 말하면 우리가 이미 학습한 일상이나 과정에 대한 적절한 행동 반응을 재빨리 불러내는 능력이라고 할 수 있다. 우리가 의식적인 사고 활동이 거의 혹은 전혀 일어나지 않은 상태에서 어떤 활동을 수행하는 동시에 다른 뭔가에 계속 관심을 둘 수 있는 것은 모두 습관 덕분이다.

하지만 우리가 기대하는 인과관계의 패턴이 깨진다면, 즉 일반적 상황과는 거리가 먼 특별한 상황에 맞닥뜨린다면 우리는 갑자기 그 상황을 다시 인식하게 된다.[4] 새로움이 우리의 관심을 불러일으키고 그것에 우리가 집중하게 한다. 그리고 세상에 태어나 처음으로 개와 대면한 갓난아기와 마찬가지로 우리는 그것을 좋아하게 된다.

가변적 보상에는 어떤 것이 있을까?

1950년대에 스키너라는 심리학자가 가변성이 동물의 행동에 미치는 영향을 연구한 적이 있다.[5] 그는 레버를 누를 때마다 음식물이 나오도록 특수 제작한 상자 안에 비둘기들을 넣었다. 올즈와 밀너가 사용한 실험용 쥐들과 마찬가지로 비둘기들은 레버를 누르는 것과 음식이 나오는 것 사이의 인과관계를 학습했다.

다음 단계에서 스키너는 가변성을 부여했다. 비둘기가 레버를 건드릴 때마다 음식물이 나오는 것이 아니라 무작위로 정한 횟수만큼 음식물이 나오도록 변화를 가한 것이다. 어떤 때는 레버를 누르면 음식물이 나왔지만 또 어떤 때는 나오지 않았다. 스키너는 이런 간헐적 보상이 비둘기가 레버를 두드리는 횟수를 급격히 증가시킨다는 사실을 발견했다. 가변성을 추가하자 그가 의도했던 행동의 빈도가 급증한 것이다.

스키너의 비둘기 실험은 인간의 행동을 유도하는 일과 관련해서도 아주 많은 사실을 알려준다. 그동안 실시된 여러 실험에서도 가변성이 대뇌 중격의지핵의 활동과 신경전달물질인 도파민의 분비를 크게 증가시켜 보상에 굶주린 탐색 활동을 유도한다는 사실이 드러났다.[6] 연구자들은 또한 남성들이 매력적인 여성의 얼굴을 볼 때와 마찬가지로 금전적 보상과 관련된 실험에서도 대뇌 중격의

가변적 보상의 유형

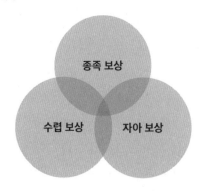

지핵의 도파민 분비량이 증가하는 것을 관찰할 수 있었다.[7]

가변적 보상은 우리의 마음을 사로잡는 온갖 제품과 경험에서도 쉽게 발견할 수 있다. 우리가 이메일을 확인하고 인터넷을 검색하고 저렴한 물건을 찾아다니는 것도 모두 이런 보상 때문이다. 나는 가변적 보상을 종족 보상, 수렵 보상, 자아 보상으로 분류했다. 사용자 습관을 만들어낸 제품들은 대부분 이 세 가지 가변적 보상 가운데 하나 이상을 활용하고 있다.

종족 보상: 타인과의 유대감이 중요하다

인간은 서로에게 기대며 살아가는 존재다. 종족 보상, 즉 사회적 보상은 다른 사람들과의 관계를 통해 얻을 수 있다. 인간의 두뇌는 자신이 다른 사람들로부터 인정받는 존재, 매력적인 존재, 중요한 존재, 어딘가에 소속된 존재라고 느끼게 해줄 보상을 추구하도록 설계되어 있다. 여러 제도와 산업이 모두 사람들과의 관계를 강화하고 싶은 욕구를 중심으로 만들어졌다. 시민단체, 종교단체에서 수많은 관중이 보는 운동 경기, 격의 없는 이야기가 오가는 TV 쇼에 이르기까지 타인과 끊임없이 관계를 맺고 싶은 욕구에 의해 우리의 가치가 형성되고 우리가 시간을 보내는 방식이 대부분 결정된다.

오늘날 SNS가 폭발적 인기를 끌고 있는 것은 사실 그리 놀라운 일이 아니다. 페이스북, 트위터, 인스타그램, 기타 웹사이트들은 수십억 명 사람들에게 가변적 일정을 바탕으로 강력한 사회적 보상을 제공한다. 새로운 글을 올리거나 새로운 트윗을 보내거나 새로운 사진을 올릴 때마다 사용자는 사회적인 확인, 즉 다른 사람들이 확인해줄 것을 기대한다. 이런 종족 보상이 사용자가 계속 해당 서비스를 다시 찾고 더욱더 갈망하게 한다.

종족 보상을 활용하는 사이트들은 심리학자 앨버트 반두라가 명명한 '사회학습이론'의 이점을 누린다.[8] 본보기의 위력을 연구한 반두라는 다른 사람들을 통해 배우는 인간의 능력 속에 특별한 힘이 들어 있다고 주장했다. 특히 주목해야 할 사실은 특별한 행동에 대해 보상을 받은 누군가를 자세히 관찰한 사람은 자신이 갖고 있던 믿음을 수정하고 거기에 맞춰 행동을 바꿀 가능성이 높다는 것이다. 그러면서 자신과 비슷하거나 자신보다 조금 더 경험이 풍부한 롤모델의 행동을 유심히 관찰할 때, 이런 결과가 나타날 가능성이 높다고 역설했다.[9] 이것은 페이스북 같은 SNS 기업들과 스택오버플로우Stack Overflow 같은 사이트에서 선별적으로 사용되는 타깃 계층 통계 및 흥미 수준별 세분화와도 정확히 들어맞는다.

다음은 종족 보상을 활용하고 있는 사례들이다.

페이스북의 집계 수치

사회적 보상의 가변성과 관련해 우리는 페이스북에서 많은 사례들을 만날 수 있다. 로그인을 하면 친구들이 공유한 콘텐츠, 그 내용에 대한 사람들의 평가, 게시물에 대한 '좋아요'의 집계 수치 등이 나타난다. 페이스북을 방문할 때마다 어떤 내용을 발견하게 될지 모르는 불확실성이 사용자의 강한 호기심을 자극해서 계속 재방문을 유도한다.

가변적 콘텐츠는 사용자가 새로 올라온 흥미로운 이야기들을 계속 검색하도록 유도하고, '좋아요' 버튼을 클릭하는 행동은 해당 콘텐츠를 올린 사람에게 가변적 보상을 제공한다. '좋아요'와 게시물에 대한 평가는 콘텐츠를 공유한 사람들에게 집단을 확인하는 의미가 있고 계속 게시물을 올리게 하는 가변적 보상의 효과가 있다.

스택오버플로우의 문답 시스템

스택오버플로우는 소프트웨어 개발자들을 위한 세계 최대의 문답 사이트다. 쿼라Quora, 위키피디아, 유튜브 등 사용자가 직접 콘텐츠를 작성하는 사이트들과 마찬가지로 회원들이 자발적으로 콘텐츠를 올린다. 날마다 회원들이 올리는 질문에 역시 회원들이 작성한 답변이 무려 5,000개 가까이 올라온다. 대부분 아주 상세하고 전문적이며 시간을 아주 많이 들인 듯한 답변들이다.

그렇다면 아무런 보수가 제공되지 않는데도 그토록 많은 사람들이 그토록 많은 시간을 들여 그토록 열심히 답변을 작성하는 이유는 무엇일까? 아주 어려운 기술 문서를 작성하는 일에 그들이 노력을 쏟아 붓도록 동기 부여하는 요인은 과연 무엇일까?

스택오버플로우에서 열심히 답변을 작성하는 회원들이 기대하는 것은 종족 보상이다. 답변을 제출하면 다른 회원들이 해당 답변에 대해 '좋아요' 혹은 '나빠요'로 투표를 한다. 훌륭한 답변은 회원들 사이에서 높은 인기를 끌고 답변 작성자의 점수도 계속 올라간다. 일정 점수에 도달한 회원에게는 특별한 지위와 권리를 부여하는 배지가 제공된다. 물론 '좋아요' 수, 그리고 그에 따른 점수와 배지가 누적되는 과정 역시 아주 가변적이다. 또 자신이 제출한 답변이 다른 회원들로부터 얼마나 많은 호응을 받게 될지는 아무도 알지 못한다.

스택오버플로우 같은 사이트가 엄청난 인기를 끄는 이유는 일반 사람들과 마찬가지로 소프트웨어 개발자들 역시 자신이 중요시하는 공동체에 기여하면서 만족감을 느끼기 때문이다. 그리고 스택오버플로우가 가변적 요소들을 이용해 사소한 활동을 마치 게임을 하듯 즐겁게 참여할 수 있는 특별한 활동으로 만들어주기 때문이다. 스택오버플로우에서 제공하는 점수 역시 공허한 유인 장치가 아니라 해당 사이트에 대한 그 사람의 기여도를 보여주는 것이

스택오버플로우에서 제공하는 배지.

기 때문에 아주 특별한 의미를 지닌다. 사용자는 동료 프로그래머들을 도와준다는 즐거움뿐 아니라 자신이 중요하게 여기는 사람들로부터 존경받는 즐거움도 함께 만끽할 수 있다.

리그 오브 레전드의 명예 포인트

유명 컴퓨터 게임인 리그 오브 레전드League of Legends는 2009년 서비스를 개시해서 단기간에 엄청난 성공을 거두었다. 하지만 서비스를 시작한 지 얼마 안 돼서 게임 개발자들은 심각한 문제에 직면했다. 자신들의 게임에 '트롤troll'들이 득실댄다는 것이었다. 여기서 트롤이란 게임이 익명으로 진행되는 점을 악용해서 다른 게임 플레이어들을 의도적으로 괴롭히는 사람들을 가리킨다.

이윽고 리그 오브 레전드는 "인정사정없고 심지어 폭력적이기까지 한 패거리들"을 거느린 게임이라는 오명까지 뒤집어쓰게 된다.[10] 게임 업계에 막강한 영향력을 행사하는 한 인쇄 매체에 이런 기사가 나올 정도였다.

"리그 오브 레전드는 다음 두 가지 사항으로 이름을 떨치고 있다. 서구 세계에서 부분 유료화 게임 모델의 위력을 증명했다는 점과 악랄한 게임 플레이어들이 넘쳐난다는 점이다."[11]

결국 게임 제작자들은 트롤 퇴치 작전에 나섰다. 그들은 반두라의 사회학습이론을 활용한 '명예 포인트' 제도를 해결책으로 내놓았다. 이것은 게임 플레이어들의 정정당당한 게임 운영과 훌륭한 행동에 포인트를 부여하는 제도다.

가상 세계 속 칭찬은 긍정적인 행동을 장려하고 최고의 플레이

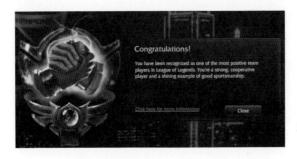

리그 오브 레전드의 칭찬 메시지.

어들과 협동심 강한 플레이어들이 두각을 나타내게 했다. 물론 명예 포인트는 다른 플레이어들이 부여하는 것이고, 그 수치 역시 아주 가변적이다. 칭찬 포인트는 수치가 높을수록 모두가 추앙하는 플레이어이고, 수치가 낮을수록 조심해야 할 플레이어라는 것을 알려주는 신호 역할을 하면서 트롤을 제거하는 데도 엄청난 효과를 발휘했다.

수렵 보상: 물질적 자원과 정보 등을 좇는다

오랜 세월 과학자들은 인간 진화에서 가장 핵심이 되는 질문에 답하기 위해 노력해왔다. 바로 초기 인류는 어떤 식으로 먹잇감을 사냥했는가 하는 것이다. 진화생물학자들은 대부분 동물성 단백질 섭취가 인간의 영양 상태를 개선하고 궁극적으로 인간이 더 큰 두뇌를 소유하게 된 획기적인 사건이라는 데 동의한다. 그러나 그런

사냥 전술에 관한 세부 사항은 여전히 수수께끼로 남아 있다.[12]

물론 우리의 조상들이 사냥에 필요한 창과 활을 직접 만들어 쓴 것은 모두가 아는 사실이다. 하지만 이런 무기들이 고안된 것은 겨우 50만 년 전에 불과하고[13] 인간이 200만 년 넘게 고기를 먹어온 사실은 여러 증거와 정황을 통해 이미 밝혀진 바 있다.[14] 그렇다면 50만 년 이전까지 인류는 어떤 식으로 사냥을 한 것일까?

진화생물학자인 하버드 대학의 대니얼 리버만Daniel Lieberman 교수의 주장에 따르면 인간은 저녁 식탁에 오를 먹잇감을 계속 쫓아다녔다고 한다. 초기 인류는 한 번 정한 사냥감을 '끈질길 정도로 계속 추격하는' 방법으로 동물을 사냥했다는 것이다. 리버만 교수가 인류가 인류 역사의 대부분을 차지하는 기간 동안 사용했을 것이라고 주장하는 이 사냥법은 농경 이전의 생활을 고수하는 극소수 부족 사회에서 지금도 보편적으로 사용되고 있다.

이런 부족 중 하나인 남아프리카 산San족은 몸집이 거대한 사슴과 동물 쿠두kudu를 사냥할 때 이와 유사한 방법을 사용한다. 인류가 사냥으로 발전시킨 이 방법이 어쩌면 오늘날 우리가 특정 제품을 사용하도록 스스로를 강제하는 이유를 설명해줄 수 있을지도 모른다.

아프리카 산족의 추격전은 일단의 사냥꾼들이 덩치가 큰 수컷 쿠두를 무리에서 떼어놓는 일에서 시작된다. 수컷 쿠두는 머리에 달린 커다란 뿔 때문에 암컷에 비해 도망가는 속도는 물론 민첩성도 많이 떨어진다. 수컷 한 마리가 무리에서 고립되면 그때부터 본격적으로 사냥에 들어간다. 사냥꾼 한 명이 쿠두의 뒤를 계속 똑같은 속도로 뒤쫓으면서 쿠두의 두려움을 고조시킨다. 처음에는 경중경중 달아나는 덩치 큰 짐승을 사냥꾼이 따라잡는다는 게 도저히 불가능해 보인다. 때때로 사냥꾼은 마른 솔로 쿠두의 발자국을 확인해가며 쿠두를 놓치지 않으려고 안간힘을 쓴다.

그러나 사냥꾼은 쿠두의 약점을 자신에게 유리한 방향으로 이용할 수 있다는 것을 안다. 단거리라면 힘 좋은 쿠두가 인간보다 훨씬 빨리 달리겠지만 쿠두의 피부는 털로 뒤덮여 있기 때문에 인간의 피부와 달리 달리는 동안 발생하는 열을 바깥으로 방출할 수 없다. 리버만 교수에 따르면 "네발짐승은 전속력으로 질주하면서 동시에 숨을 헐떡일 수 없다."[15] 그렇기 때문에 쿠두는 호흡을 가다듬기 위해 중간중간 멈춰 서야 한다. 그러는 동안 사냥꾼은 쿠두와의 간격을 좁히며 가까이 접근한다. 하지만 접근의 목적은 쿠두를 사로잡으려는 것이 아니라 쿠두가 지쳐 쓰러질 때까지 계속 달리게 하는 것이다.

뜨겁게 내리쬐는 아프리카의 태양 아래에서 여덟 시간 가까이 대추격전을 벌이고 나면 결국 쿠두는 포기하고 쓰러진다. 더 이상 달아나려고 몸부림치지도 않고 항복해버린다. 45킬로그램 정도에 불과한 깡마른 산족 사냥꾼이 인간의 진화가 안겨준 생물학적 재능과 끈기만으로 자신보다 체중이 5배나 더 나가는 짐승과의 추격전에서 대승리를 거두는 순간이다. 산족 사냥꾼은 민첩하게 다가가 마치 의식을 치르듯 사냥감의 목에 창을 내리꽂는다. 이로써 그는 자식들과 부족에게 저녁거리를 제공할 수 있게 된다.

다른 영장류와 달리 인간이 몸집 큰 짐승들보다 훨씬 우위에

설 수 있었던 것은 체모가 사라지고 두 발로 달릴 수 있게 되면서 부터다. 목표물을 끈질기게 추격하는 능력으로 선사시대의 거대한 동물들을 사냥할 수 있었다. 하지만 끈질긴 추격이 가능했던 것은 비단 인간의 신체 덕분만은 아니었다. 인간의 두뇌 변화 역시 중요한 역할을 했다.

대추격전이 벌어지는 동안 산족 사냥꾼을 계속 달리게 한 것은 추격 그 자체였다. 그리고 이와 동일한 두뇌 구조의 고착화는 오늘날 우리의 끝없는 욕망의 근원에 대한 실마리를 제공한다. 쿠두를 계속 추격한 끈질긴 집념과 오늘날 뭔가를 계속 갈망하고 구매하는 것은 동일한 두뇌 구조에서 비롯되었다. 원시시대와 현대라는 엄청난 시간 격차에도 불구하고 사냥과 관련된 정신 작용은 대부분 그대로 남아 있다는 얘기다.

이 자원 탐색 활동은 결국 가변적 보상의 두 번째 형태인 수렵 보상으로 이어진다. 음식물과 생필품 같은 물리적 목표를 확보해야 할 필요성은 우리 두뇌의 작동 체계 일부를 차지한다. 그러나 그 옛날 먹잇감을 사냥하던 곳에서 이제 우리는 다른 것들을 사냥하고 있다. 현대 사회는 돈을 지불하면 음식을 구입할 수 있고, 그 연장선에서 좀 더 최근에는 정보가 곧 돈인 세상이 되었다.

수렵 보상은 컴퓨터가 등장하기 오래전부터 존재해왔다. 그러나 산족 사냥꾼이 먹잇감을 추격할 때와 똑같은 집념으로 오늘날 우리가 좇고 있는 물질적 자원과 정보와 관련해 수많은 가변적 보상의 예를 발견할 수 있다. 수렵 보상을 활용해서 사용자 습관을 만들어낸 사례를 몇 가지 소개하겠다.

슬롯머신

도박은 도박을 하는 사람보다 카지노 업자나 중개인에게 훨씬 많은 이득을 안겨준다는 것은 모두가 아는 사실이다. 옛말에도 있듯이 "결국 돈을 버는 쪽은 카지노"라는 얘기다. 그러나 많은 사람들이 이런 사실을 알고 있는데도 사행 도박 산업은 수십억 달러 규모에 이를 정도로 여전히 승승장구하고 있다.

슬롯머신은 수렵에 의한 가변적 보상의 고전적 사례로 꼽을 수 있다. 미국의 카지노장에서 도박을 즐기는 사람들이 슬롯머신에 쏟아 붓는 돈은 날마다 10억 달러에 이른다. 사람들이 계속 도박을 하게 하는 슬롯머신의 위력을 보여주는 반증이다.[16] 아무도 알 수 없는 시간차를 두고 돈벼락이라는 보상을 안겨줌으로써 사람들에게 대박을 터뜨릴 수 있다는 기대감을 심어주고 계속 도박을 하도록 유도한다. 물론 대박을 터뜨리는 것은 전적으로 사람의 능력 밖의 일이다. 하지만 대박을 추구하는 행위는 얼마든지 사람을 도취시킬 수 있다.

트위터

'피드feed'는 다양한 온라인 서비스에서 사람들을 연결하는 중요한 요소로 자리 잡았다. 스크롤 화면에 끊임없이 올라오는 정보들은 수렵 활동에 엄청난 보상을 제공한다. 한 예로, 트위터의 타임라인에는 일반적인 콘텐츠와 중요한 콘텐츠가 잔뜩 뒤섞여 있다. 이 다양성은 사용자에게 예측 불가능한 매혹적인 경험을 선사한다. 어떤 경우에는 아주 특별하고 흥미로운 소식을 발견할 때도 있

트위터 화면.

지만 가끔은 그렇지 않을 때도 있다. 그러나 더 많은 정보를 찾아 계속 추격 활동을 펼칠 때 필요한 것이라곤 손가락으로 화면을 터치하거나 마우스로 스크롤하는 것밖에 없다. 사용자는 중요한 트윗이라는 가변적 보상을 찾아 화면을 계속해서 스크롤하고 스크롤하고 또 스크롤한다.

핀터레스트

한 달 사용자 수가 5,000만 명에 육박하는 핀터레스트 역시 새로운 게시물을 적극 활용한다. 하지만 여기에는 시각적 방법이 추가된 것이 차이점이다.[17] 이 온라인 사진 공유 사이트는 사람들이 탐낼 만한 것들을 가상의 공간에 잔뜩 펼쳐놓는다. 페이지마다 사람들의 시선을 사로잡기 위해 열심히 콘텐츠를 작성해서 올리는 사용자들이 이 사이트의 큐레이터 역할을 하고 있다.

사용자는 핀터레스트에서 무엇을 발견하게 될지 알지 못한다. 핀터레스트는 사용자가 계속 검색하고 스크롤하도록 하기 위해 특이한 전개 방식을 사용한다. 사용자가 해당 페이지의 끝까지 스크롤하면 잘린 이미지들이 몇 개 나타난다. 또 브라우저 창 아래에 있어서 이미지들이 제대로 보이지 않을 때도 많다. 하지만 이렇게 불완전한 이미지들은 앞으로 나타날 이미지들을 살짝 보여주려고 의도적으로 만든 장치다. 자신의 호기심을 완화하기 위해 사용자는 이미지 전체가 나타날 때까지 계속 스크롤하기만 하면 된다. 그러면 해당 페이지에 더 많은 이미지들이 올라오고, 이런 식으로 수렵 활동에 따른 가변적 보상을 기대한 지속적인 검색 활동이 이어진다.

핀터레스트 화면.

자아 보상: 탁월함, 유능함, 성취감을 원한다

마지막으로 좀 더 개인적 형태의 만족을 추구하는 가변적 보상도 있다. 그저 자기만족을 위한 일이라고 하더라도 인간은 장애물 극복에 열심히 매달린다. 완수할 때까지 어떤 일을 계속 밀고 나가는 것은 사람들이 갖가지 행동을 지속하게 하는 데 영향을 미칠 수 있다.[18] 놀라운 사실은 겉으로는 별로 즐거워하지 않는 것처럼 보일 때조차 우리는 이런 보상을 추구하고 있다는 것이다.

예를 들어, 테이블 위에 잔뜩 펼쳐진 퍼즐을 완성하기 위해 몇 시간째 꼼짝 않고 자리에 앉아 있는 사람이 있다고 해보자. 어쩌면 그는 불만이 가득해서 얼굴이 일그러지고 심지어 욕을 내뱉을지 모른다. 퍼즐을 완성했을 때 느끼는 만족감 외에는 어떤 보상도 제공되지 않는데도 꼭 들어맞는 퍼즐 조각을 찾으려는 고통스러운 노력이 그 사람에게는 마음을 사로잡는 매혹적인 분투일 수 있다.

자아 보상은 에드워드 데시와 리처드 라이언이 자신들의 공동 연구에서 강조했던 '내재적 동기'에 의해 만들어진다.[19] 두 사람은 자기결정이론에서 사람들은 무엇보다도 자신이 유능한 사람이라는 느낌을 받고 싶어 한다고 역설했다. 그리고 이런 목표에 신비적 요소가 하나 추가되면 목표를 추구하는 일은 훨씬 매혹적인 활동으로 변하게 된다.

다음은 자아에 대한 가변적 보상의 예다.

게임 세계의 캐릭터 점수

자아 보상은 플레이어들이 눈앞의 문제를 해결할 기술을 완벽하게 익히고 싶어 하는 비디오 게임에서 가장 뚜렷하게 발견된다. 게임 레벨이 올라가고 특별한 능력과 다른 게임 방법을 찾아낼 때마다 진척 상황과 목표 달성을 보여주며 자신의 유능함을 과시하고 싶은 플레이어들의 욕구가 충족되기 때문이다.

유명 온라인 게임인 월드 오브 워크래프트World of Warcraft에서는 특정 캐릭터를 강하게 발전시키면 해당 플레이어가 새로운 능력들을 얻는다. 그리고 더 위력적인 무기를 확보하고 미지의 세계에 발을 내디디며 자신의 캐릭터 점수를 계속 높이고 싶은 열망이 게임에 더 많은 시간을 투자하도록 플레이어들을 계속 자극한다.

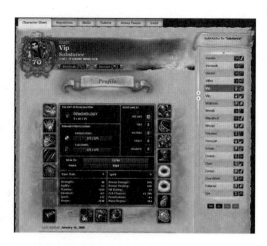

게임 세계의 화려한 프로필.

'안 읽은 메일'이 없을 때 느끼는 성취감

그렇다고 자아 보상을 경험하기 위해 일부러 비디오 게임에 빠질 필요는 없다. 특별할 것 없는 이메일 시스템 역시 완벽한 숙달, 완수, 유능함을 추구하는 인간의 본성이 어떤 식으로 사용자를 습관적이고 가끔은 어리석기까지 한 행동으로 유도하는지 잘 보여주기 때문이다. 아무 이유 없이 계속 메일함을 확인한 적이 있는가? 아마 당신은 어떤 메시지가 도착했는지 확인하려고 무의식적으로 메일함을 열었을 것이다. 대다수 사람들에게 읽지 않은 메일은 왠지 완수해야 할 목표처럼 느껴진다.

그러나 보상받은 느낌을 얻기 위해서는 성취감을 느껴야 한다. 2013년 드롭박스는 이메일 앱 메일박스Mailbox를 인수했다. 인수 가격이 1억 달러까지 치솟았다는 소문이 돌기도 했던 이 인수전에 드롭박스가 뛰어든 이유는 이메일 전장에서 뒤처지고 있는 듯한

'뭔가를 완수했다'는 느낌을 주는
메일박스의 표시.

좌절감을 극복하기 위해서였다.[20]

메일박스는 현명하게도 '읽지 않은 메일 0'에 도달할 정도로 사용자의 이메일 확인 빈도를 높이기 위해 이메일을 여러 개의 폴더로 나누어 정리하는 방법을 채택했다. '읽지 않은 메일 0'이란 읽지 않은 이메일이 하나도 없을 정도로 거의 완벽에 가까운 정리 상태를 의미한다. 물론 몇몇 폴더의 경우 우선순위가 낮은 이메일은 보이지 않게 처리한 후 나중에 다시 나타나게 하는 교묘한 디지털 속임수가 사용되기도 한다. 그러나 메일박스는 사용자들에게 이메일 수신함을 보다 효율적으로 관리하고 있다는 느낌을 심어줌으로써 다른 이메일 서비스에는 없는 아주 중요한 것, 즉 뭔가를 완수한 기분, 달성한 기분을 제공한다.

어려운 것을 끝까지 배우겠다는 각오

프로그래밍을 배우는 일은 결코 쉽지 않다. 유용한 코드를 만들 수 있는 능력과 자신감을 갖추기 위해서는 몇 년까지는 아니어도 적어도 몇 달 동안은 죽어라 공부해야 한다. 많은 사람들이 소프트웨어 제작 방법을 배우려고 시도하지만 새로운 컴퓨터 용어를 익혀야 하는 지루한 과정을 견디지 못하고 포기하는 경우가 많다.

코드카데미Codecademy(코드code와 아카데미academy의 합성어로, 프로그래밍 언어를 쉽게 가르쳐주는 무료 프로그래밍 강의 사이트다—옮긴이)는 코드 작성법을 익히는 활동을 좀 더 재미있고 유익하게 만들었다. 이 사이트는 인터넷 앱, 애니메이션, 심지어 브라우즈browse 기반 게임을 개발하는 데 필요한 강좌들까지도 단계별로

진척 상황을 알려주고 즉각적인 피드백을 주는 코드카데미.

제공한다. 프로그램 전체를 작성하면서 코드법을 익히던 전통적 방식과 달리 이 강좌들은 쌍방향 대화를 통해 즉각적으로 피드백을 전달하는 것이 특징이다. 코드카데미에서 사용자들은 정정 기능에 들어가 해당 코드가 작동하거나 작동하지 않으면 즉시 피드백을 보낼 수 있다.

새로운 기술을 배우는 과정은 실수의 연속일 수밖에 없지만 코드카데미는 그런 어려움을 역으로 이용한다. 현재 진행 중인 임무를 완수할 수 있도록 끊임없이 새로운 요소를 가미해서 마치 게임을 하듯 사용자에게 다양한 보상을 제공한다. 물론 성공할 때도 있지만 가끔은 실패하기도 한다. 그러나 수행 능력이 향상될수록 사용자는 더 높은 단계에 도달하려고 더 열심히 공부하고, 그렇게 해서 교육과정을 성공적으로 완수한다. 코드카데미의 특징인 즉각적이고 다양한 피드백은 자아 보상을 활용해서 지난한 과정을 매력적인 도전으로 전환시킨다.

보상 체계 설계하기 1.
현금 보상은 오래 못 간다

2007년 5월 마할로닷컴Mahalo.com이라는 사이트가 등장했다. 이 새로운 사이트의 가장 큰 특징은 마할로 앤서즈Mahalo Answers라는 문답 형식의 토론회였다. 하지만 이전의 문답 사이트와 달리 마할로닷컴은 사용자들의 질문과 대답을 이끌어내기 위해 특별한 유인 정책을 펼쳤다.

우선 질문을 제출한 사람은 '마할로 달러Mahalo Dollars'라는 가상화폐 형태의 포상금을 내건다. 그러면 다른 사용자들이 해당 질문에 대한 답변을 작성하고, 최고의 답변으로 채택된 사람에게는 실제 통화로 교환할 수 있는 포상금이 지급된다. 마할로닷컴의 설립자들은 현금 보상을 제공하면 사용자의 참여를 유도하고 새로운 온라인 사용자 습관을 형성할 수 있을 것이라고 굳게 믿었다.

처음에는 사람들이 마할로닷컴에 많은 관심을 보이면서 상당한 접속 건수를 기록했다. 가장 많았을 때는 월 방문자 수가 전 세계적으로 1,410만 명에 이르기도 했다.[21] 그러나 시간이 흐르면서 사용자들이 점점 흥미를 잃기 시작했다. 가변적 포상금 지급에도 불구하고 사용자들은 현금 보상에 별로 매력을 느끼지 못했다.

그렇게 마할로닷컴이 사용자들을 붙잡기 위해 안간힘을 쓰는 동안 또 다른 문답 사이트가 서서히 인기몰이를 시작했다. 페이스북의 전직 직원 두 명이 2010년에 설립한 쿼라의 인기가 급상승하고 있었던 것이다. 마할로닷컴과 달리 쿼라는 질문에 답변을 작성한 사람들에게 단 한 푼의 현금 보상도 제공하지 않았다. 그럼 왜 사용자들은 쿼라에는 계속 열심히 참여하면서 다양한 현금 보상을 제공하는 마할로닷컴에는 등을 돌린 것일까?

마할로닷컴의 경영진은 사용자들에게 현금을 지급하면 자사 사이트 활동에 반복적으로 참여할 것이라고 생각했다. 이 세상에 돈을 싫어할 사람이 어디 있겠느냐는 것이다. 그러나 불행하게도 마할로닷컴은 사용자의 참여를 유발하는 요인을 제대로 이해하지 못했다.

결국 마할로닷컴은 사람들이 참여하는 이유가 돈을 벌기 위함이 아니라는 사실을 깨달았다. 만약 사람들을 사이트로 이끄는 트리거가 현금 보상에 대한 욕구였다면 마할로닷컴의 사용자들은 시급을 받으며 거기에 더 많은 시간을 할애했을 것이다. 그리고 그런 포상금이 슬롯머신처럼 게임의 형태를 띠었다면 보상의 빈도가 너무 낮고 액수도 너무 적어서 하찮게 생각했을 것이다.

쿼라의 성공은 다른 사용자들의 인정 및 칭찬 활동 강화, 사회적 보상이 사용자의 참여 빈도를 높이는 데 훨씬 중요한 동기 부여 요인이 된다는 사실을 보여주었다. 쿼라는 답변에 대한 사용자 만족도를 알려주는 투표 집계 방식을 도입하고 사람들의 피드백을 계속 제공했다. 이로써 사용자들의 인정과 같은 쿼라의 사회적 보상이 마할로닷컴의 금전적 보상보다 더 매력적이라는 사실이 입증되었다.

사용자가 정말 중요시하는 것이 무엇인지 정확히 이해하고 있어야만 가변적 보상과 기업이 의도한 행동을 적절히 연결시킬 수 있다.

다양한 성공 사례에서 '게임화gamification'(게임과는 거리가 먼 상황에 게임 관련 요소를 적극 도입하는 것)를 자주 발견하게 된다. 물론 점수, 배지, 리더 보드leader board 같은 것들이 효과적일 수 있다. 하지만 그런 것들은 사용자의 가려운 부분을 시원하게 긁어줄 때만 효과를 거둘 수 있다. 고객의 문제와 기업이 제시한 해결책이 서로 부합되지 않으면 게임 관련 요소를 아무리 많이 도입해도 사용자의 참여를 자극하기는 힘들다. 마찬가지로 사용자의 욕구가 지속되지 않을 경우, 예를 들면 어떤 사이트에 처음 들어갔는데 특별한 매력을 발견하지 못해 지속적인 방문의 필요성을 느끼지 못할 경우, 게임화는 실패할 수밖에 없다. 왜냐하면 특정 제품이나 서비스에 대해 원래 갖고 있던 흥미가 사라졌기 때문이다. 바꿔 말하면 사용자의 참여를 유도하는 데 있어 게임화가 능사는 아니라는 뜻이다.

가변적 보상은 제품 디자이너가 보다 매력적인 제품을 만들기 위해 즉석에서 뿌릴 수 있는 마법의 가루가 아니다. 보상이 그 제품을 사용해야 하는 이유와 적절히 부합하고 사용자의 내부 트리거, 동기와도 조화를 이루어야 성공을 거둘 수 있다.

보상 체계 설계하기 2.
자율성을 유지하라

쿼라는 적절한 보상과 질의응답이라는 행동을 잘 연결시켜 성공을 거둔 사례다. 그러나 2012년 8월 이 회사는 크나큰 실수를 저질렀다. 이 일은 가변적 보상을 사용할 때 고려해야 할 또 다른 핵심 사항을 가르쳐주었다.

사용자 참여를 증대시키기 위해 쿼라는 '뷰스views'라는 새로운 기능을 도입했다. 특정 질문이나 답변을 본 사람의 신분을 확인하는 기능이었다. 자신이 해당 사이트에 올린 콘텐츠를 누가 보았는지 알려주는 이 피드백은 사용자의 호기심을 강하게 자극했다. 이제 사용자는 자신이 작성한 내용을 유명 인사나 저명한 벤처 캐피털리스트가 보았는지 여부를 알았고, 보았다면 언제 보았는지도 알 수 있게 되었다.

하지만 이 기능은 오히려 역효과를 거두었다. 해당 사이트에서 자신의 검색 기록이 다른 사람들에게 노출될 수 있다는 사실을 경고해주지 않은 채 사용자가 자동으로 들어가게 한 것이 문제였다. 그 결과 개인적 문제, 곤란한 문제 또는 은밀한 문제를 묻거나 대답하거나 아니면 단순히 보기만 해도 사용자는 소중한 익명성을 상실하게 되었다.[22] 이 정책은 사용자의 강한 저항에 부딪혔고, 결국 쿼라는 몇 주 후 분명한 사전동의하에서만 이 기능을 사용하도록 정책을 변경했다.[23]

쿼라가 실시한 이 기능은 사용자에게 강압적인 느낌을 주었고 실제로도 강압에 가까운 조치였다. 행동을 유도하는 것이 제품 디자인에서 중요한 부분을 차지하는 것은 사실이지만, 너무 지나치면 오히려 역효과를 불러오고 사용자의 신뢰까지 잃는다는 사실을 인식해야 한다.

이와 관련한 윤리적 문제에 대해서는 이 장의 후반부에서 다룰 계획이지만 그 윤리적 사항들과는 별도로 자율성의 심리적인 역할과 그것이 사용자 참여에 어떤 영향을 미치는지와 관련해서 짚고 가야 할 중요한 문제가 하나 있다.

프랑스에서 일단의 연구자들이 특이한 실험을 실시한 적이 있다. 낯선 사람에게 버스 요금을 구걸할 때, 특별히 고안된 몇 마디 말이 상대방으로부터 받아내는 돈의 액수에 영향을 미치는지를 알아보는 실험이었다. 실험 결과 연구자들은 상대방이 건네는 돈의 액수를 2배로 늘리는 아주 간단하고 효과적인 표현을 발견할 수 있었다.

이 표현은 사람들이 건네는 돈의 액수를 늘렸을 뿐 아니라 자선단체 기부금과 자발적 설문 조사 참여도를 높이는 데도 아주 효과적인 것으로 판명되었다. 실제로 2만 2,000명 이상이 참여한 42건의 연구와 최근 실시한 메타분석에서도 요청 말미에 이런 표현을 붙이면 상대방으로부터 동의와 긍정적 대답을 이끌어낼 가능성이 2배로 높아지면서 승낙을 받아내는 데 효과적이라는 결론이 나왔다.[24]

그렇다면 연구자들이 발견한 그 마법의 말은 무엇이었을까? 바로 "제 부탁을 들어주고 안 들어주고는 당신의 자유지만"이었다.

"당신의 자유지만"이라는 표현은 상대방에게 선택권이 있다는 사실을 확인시킬 때 설득을 할 가능성이 높다는 것을 보여준다. 이 방법은 얼굴을 맞대고 이루어지는 상호작용뿐 아니라 이메일을 통한 설득에서도 효과적이었다. 이 연구에서는 제품과 서비스에서 이 표현을 어떻게 사용해야 하는지 직접적으로 거론하고 있지는 않았지만, 해당 연구 결과는 기업이 사용자의 관심을 유지 혹은 상실하는 것과 관련해서 중요한 통찰을 제공했다.

프랑스 연구자들의 실험에서 보다시피 사람들에게 선택의 자유가 있다는 사실을 상기시키는 것이 그 정도로 효과를 거두는 이유는 무엇일까?

이 실험을 실시한 연구자들은 "당신의 자유지만"이라는 표현이 뭔가를 요구받았을 때 느끼는 본능적 거부감을 해제시킨다고 주장한다. 혹시 "어서 코트를 입어라. 그렇지 않으면 네 상사가 사사건건 잔소리를 늘어놓을 것이고, 그러면 네 혈압도 올라갈 것이다"라는 식으로 말하는 어머니를 향해 툴툴거려본 경험이 있는가? 이와 비슷한 상황에서 비슷한 반응을 보였다면 당신은 심리학자들이 말하는 '리액턴스reactance', 즉 심리적 반발을 경험한 것이다. 즉 당신은 자율성이 위협받는 상황에 처하자 즉각적으로 예민하게 반응한 것이다.

하지만 어떤 요청에 선택권이 있다는 사실을 확인시켜주면 반발 심리는 수그러들게 된다. 이런 자율성과 심리적 반발의 원리를 사용자 행동을 변화시키고 새로운 습관을 형성하는 제품의 개발에도 똑같이 적용할 수 있을까? 그렇다는 것을 입증해주는 두 가지 사례를 지금부터 소개하겠다. 물론 이것을 당신의 제품이나 서비스에 적용할지 말지는 전적으로 당신의 자유지만.

보다 나은 영양 섭취 습관은 많은 미국인의 공통된 목표라고 할 수 있다. 애플의 앱스토어에서 '다이어트'라는 단어를 입력하면 3,235개의 앱이 나타난다. 그 앱들은 하나같이 사용자에게 몇 킬로그램을 감량할 수 있게 해주겠다고 약속한다. 끝없이 이어지는 목록에서 맨 상단을 차지하고 있는 마이피트니스팔MyFitnessPal 앱에는 수십만 명이 넘는 사람들의 평가가 달렸다.

몇 년 전 체중을 몇 킬로그램 감량하기로 결심한 나는 이 앱을 설치해서 그대로 따라 해보았다. 사용 방법이 아주 간단한 이 앱은 내가 먹는 것을 기록하면 내가 목표로 정한 감량 체중을 기준으로 칼로리 수치가 계산되어 나왔다.

며칠간 나는 앱에서 제시한 다이어트 프로그램에 따라 내가 먹은 모든 음식물에 관한 정보를 열심히 입력했다. 내가 만약 펜과 종이를 사용해서 음식 일지를 꼼꼼히 기록하는 사람이었다면 마이피트니스팔은 더할 나위 없이 반가운 개선책이었을 것이다.

하지만 이 앱을 사용하기 전까지 나는 한 번도 칼로리를 일일이 계산해가며 음식을 먹은 적이 없었다. 그리고 앱을 사용하는 것이 처음에는 신기했지만 얼마 안 가 그것에 끌려 다니는 것이 점점 지겨워지기 시작했다. 음식 일지를 기록하는 것은 내가 일상적으로 하는 활동과는 거리가 멀었고 이 앱을 통해 내가 하려던 활동은 더더욱 아니었다. 내가 원했던 활동은 살을 빼는 것이었고, 이 앱은 섭취한 칼로리와 소모한 칼로리를 계속 추적하는 엄격한 방법을 통해 살을 뺄 수 있다고 말하고 있었다. 그런데 얼마 후, 섭취한 음식물 기록을 한 번이라도 건너뛰면 그날의 프로그램은 더 이상 무의미해진다는 사실을 알게 되었다. 그래서 나는 그런 하루의 나머지 시간 동안에는 음식을 마음껏 섭취했다.

이윽고 내가 식사시간에 저지른 위반 사항들을 왠지 핸드폰에 털어놓아야 할 것 같은 느낌이 들기 시작했다. 이 앱은 점점 나를 고통의 구렁텅이로 몰아넣었다. 맞다. 처음에 이 앱을 설치하기로 선택한 사람은 분명 나 자신이었다. 하지만 아무리 좋은 의도로 시작했어도 나의 동기가 점점 희미해지자 앱을 사용하는 일이 고역이 되어갔다. 이상하고 낯선 행동, 즉 칼로리를 추적하고 계산하는 것이 내가 원하는 일이 아닌 내가 해야만 하는 일처럼 느껴진 것이다. 내가 할 수 있는 유일한 선택은 계속 진행하거나 그만두는 것밖에 없었다. 그래서 나는 과감히 그만두는 쪽을 택했다.

하지만 또 다른 다이어트 앱인 피토크래시Fitocracy는 행동 변화를 유도하는 방법이 마이피트니스팔과는 완전히 달랐다. 이 앱의 목표는 다른 경쟁 앱들과 비슷했다. 사람들에게 보다 나은 다이어트 식단을 제공하고 규칙적으로 운동하도록 돕는 것이었다. 다른 점이 있다면 이 앱은 해야 하는 행동이 아니라 사용자들이 하고 싶어 하는 기존의 익숙한 행동들을 적극 활용한다는 점이었다.

초반에 피토크래시에서 제시한 활동은 다른 다이어트 앱과 별로 다르지 않았다. 신규 회원들에게 음식의 섭취량과 운동량을 계속 추적하게 했다. 그러나 피토크래시가 다른 경쟁 앱들과 차별화한 부분은 사용자가 무의식적으로 하는 기존 행동을 활용하지 못하면 마이피트니스팔을 사용했을 때처럼 순식간에 예전의 식습관으로 돌아가버릴 수 있다는 사실을 인정했다는 것이다.

내 안에서 심리적 반발의 경고음이 울리기 전에, 나는 해당 사이트의 다른 회원들로부터 칭찬을 받기 시작했다. 내가 처음으로 조깅에 돌입했을 때였다. 가상의 세계에서 내게 격려 메시지를 보

낸 사람이 누구인지 궁금해 로그인을 해보았다. 사이트에 들어가
자마자 'mrosplock5'라는 아이디의 여성이 보낸 질문이 나타났다.
조깅을 할 때 무릎에 통증을 느끼면 어떻게 해야 하는지 조언을
구하는 내용이었다. 몇 년 전에 비슷한 문제를 겪었던 나는 즉시
답장을 보냈다.

"맨발로 달리거나 밑창이 얇은 미니멀리스트 슈즈를 신었더니
무릎 통증이 완화되었습니다. 이상하게 들리겠지만 사실입니다!"

피토크래시를 오랫동안 사용하지는 않았지만 어떻게 하면 사
람들을 사로잡을 수 있는지 금방 파악할 수 있었다. 피트크래시는
일종의 온라인 커뮤니티였다. 이 앱이 나를 유인할 수 있었던 것은
현실 세계와 비슷하게 헬스클럽에서 친구들끼리 수다를 주고받을
수 있었기 때문이다. 마음이 맞는 사람들을 연결해주는 온라인 활
동은 피토크래시가 태어나기 훨씬 이전부터 존재했고, 이 앱은 서
로 격려하고 조언을 교환하고 칭찬받을 수 있도록 그런 활동을 좀
더 쉽고 유익한 방향으로 전환한 것이다. 실제로 한 연구 결과를
보더라도 타인과 관계를 맺는 사회적 요인이 사람들이 특정 서비
스를 사용하고 다른 사람들에게도 추천하는 가장 큰 이유라는 것
을 알 수 있다.[25]

사회적 수용은 모든 사람이 갈망하는 중요한 욕구다. 피토크래
시는 타인과의 연결 고리를 원하는 인간의 보편적 욕구를 건강의
진입로로 활용했고, 사용자가 새로운 습관을 형성하는 데 사용하
도록 새로운 방법들을 고안했다. 그렇기 때문에 사용자들은 기존
의 행동 방식과 건강해지는 습관을 만들기 위해 피토크래시가 내

놓은 해결책 중에서 선택을 할 수 있었다.

사실 마이피트니스팔 역시 사용자의 지속적인 참여를 유도하기 위해 회원들 간의 연결 기능을 사용하지 않은 것은 아니다. 다만 피토크래시에 비해 사용자가 커뮤니티와의 상호작용에서 발생하는 이점을 경험하는 시점이 너무 늦을 뿐이다.

건강과 관련된 다양한 신규 앱과 제품들 중에서 어떤 것이 성공을 거둘 거라고 속단할 수 없지만 가장 성공적인 첨단 기술, 즉 수십억 명의 일상 행동을 바꿔놓은 첨단 기술은 그 어떤 것도 우리에게 강요하지 않았다. 이 점만은 분명하게 말할 수 있다. 잠깐 페이스북에 들어가거나 ESPN에서 스포츠 경기의 점수를 확인하는 활동이 주는 매력은 아마도 상사의 지시에서 벗어나 완전히 자유의지의 시간으로 돌아간다는 점일 것이다.

그런데 안타깝게도 사용자가 원하는 행동이 아니라 자신들이 원하는 행동을 사용자가 하게 될 것이라고 확신하며 제품 개발에 뛰어드는 기업들이 많다. 자신들의 서비스를 즐거운 활동으로 만들려고 하지도 않고 사용자의 일상을 좀 더 편하게 해주지도 않으면서 아주 낯선 행동을 익히라고 강요하는 기업은 절대 사용자 행동을 변화시킬 수 없다.

사용자 행동을 성공적으로 변화시킨 기업들은 사용자에게 과거의 행동 방식, 그리고 자신의 욕구를 충족시킬 수 있는 낯설지만 좀 더 편리한 방식, 둘 중에서 하나를 고르도록 분명하게 선택권을 제시한다. 사용자에게 선택의 자유를 계속 부여하는 제품은 새로운 습관을 가질 것을 촉구하고 사용자 행동을 바람직한 방향으로 유도할 수 있다.

쿼라의 사용자들이 '뷰스' 서비스에 자동으로 들어가게 된 것처럼, 의도하지 않은 뭔가를 강요당하거나, 마이피트니스팔처럼 낯설고 이상한 칼로리 추적 계산에 익숙해지도록 강요받는 느낌이 들거나, 자신의 자율성이 위협받는다고 생각되면 사람들은 압박감을 느끼면서 저항하게 된다. 사용자의 행동 변화를 성공적으로 이끌어내려면 사용자가 자신의 행동을 스스로 통제하고 있다는 느낌이 들게 해야 한다. 어떤 제품이나 서비스를 사용해야 한다는 압박감을 느끼게 하는 것이 아니라 사용하고 싶은 마음이 저절로 우러나게 해야 하는 것이다.

보상 체계 설계하기 3.
가변성의 한계를 인식하라

오래전에 〈브레이킹 배드Breaking Bad〉라는 TV 드라마 시리즈가 대중들로부터 전례 없는 비난과 찬사를 들은 적이 있다. 고등학교 화학 교사인 주인공 월터 화이트가 단순한 화학 물질로 마약을 제조해서 마약 업계의 거물이 되는 과정을 그린 이 드라마는 시즌 1에서 시즌 5까지 이어지는 동안 화면에 등장하는 시체 수만큼이나 시청률이 엄청 상승했다.[26] 2013년 마지막 시즌의 첫 회에서 590만 명의 시청자를 TV 앞으로 이끌었던 이 드라마는 해당 시리즈가 끝날 무렵 기네스북 역대 사상 최고의 시청률을 기록하며

TV 드라마의 새 역사를 쓰기도 했다.[27] 〈브레이킹 배드〉가 대성공을 거둘 수 있었던 것은 출연진과 스태프의 출중한 능력도 한몫했지만, 기본적으로 이 드라마가 사람들을 계속 TV 앞에 붙들어둘 수 있었던 비결은 의외로 단순했다.

그 비결은 바로 매회 스토리와 시즌별 기승전결이 등장인물이 해결해야 할 문제를 중심으로 전개되었다는 데 있다. 예를 들어, 시즌 1의 한 회에서 월터 화이트는 경쟁 관계에 있던 마약상 두 명의 시신을 처치할 방법을 찾아야 했다. 어려운 문제가 가로막는 상황이 어떤 식으로 종결되는지 확인하기 위해 TV에서 눈을 떼지 못하는 시청자들의 심리 상태는 초조와 긴장 그 자체였다.

이 에피소드에서 주인공은 자신이 죽였다고 생각한 마약상 중 한 명이 아직 살아 있음을 발견하고 '이미 죽였다고 생각한 사람을 또다시 죽여야 하는가'라는 딜레마에 직면했다. 매회 일어나는 주된 갈등은 해당 회의 말미에 해결되고 그와 동시에 새로운 문제가 터지면서 시청자들의 호기심을 자극했다. 그런 식으로 매회 마지막 부분에 가서 월터를 또 다른 난관에 빠뜨렸던 것이다. 그가 어떻게 난관에서 빠져나오는지를 알려면 다음 편을 보는 수밖에 없었다. 시청자들을 계속 붙잡기 위해 의도적으로 사건을 그렇게 배치한 것이다.

갈등 → 미스터리 → 해결의 순환 구조는 이야기 자체만큼 무구한 역사를 지니고 있고, 모든 훌륭한 이야기의 핵심에는 가변성이 자리를 잡고 있다. 사람들이 모르는 사실이 있다. 흥미진진하고 강한 흡입력을 지닌 이야기일수록 다음에 벌어지는 상황이 드러날 때까지 기다리게 하는 식으로 사람들의 관심을 계속 유지시킨다는 것이다.

'간접 체험' 현상을 연구한 많은 과학자들은 어떤 캐릭터에 관한 이야기를 읽은 사람들은 그 이야기 속 주인공이 느끼는 감정을 실제로 느낀다는 사실을 발견했다.[28] 해당 주인공의 입장이 되어 종족 보상, 수렵 보상, 자아 보상을 추구하는 것은 물론 다양한 동기를 경험하는 것이다. 우리가 이야기 속 등장인물에게 공감할 수 있는 이유는 우리를 움직이게 하는 요인이나 등장인물을 움직이게 하는 요인이 동일하기 때문이다.

그러나 불확실성을 해소하려는 노력이 사용자 참여를 유도하는 데 그 정도로 강력한 도구라면, 한때 우리의 마음을 사로잡았던 뭔가에 대한 관심과 흥미가 결국 시들해지는 이유는 무엇일까? 우리 모두 TV 드라마나 아주 재미있는 책, 새로운 게임, 최신 기기 등에 엄청 몰두했던 경험이 한 번쯤은 있을 것이다. 그러나 대부분의 경우, 며칠 혹은 몇 주 정도 지나면 더 이상 흥미를 느끼지 못한다. 그렇다면 가변적 보상의 위력은 왜 점점 약해질까?

기억을 한 가지 떠올려보면 페이스북에서 공전의 히트를 친 팜빌FarmVill의 개발업체 징가Zynga만큼 가변적 보상의 변덕스러움을 적나라하게 보여준 사례도 없을 것이다. 2009년 팜빌은 전 지구적 시대정신에서 빼놓을 수 없는 이름이 되었다. 페이스북을 플랫폼 삼아 신규 플레이어를 확보한 이 게임은 단기간에 월 사용자 수가 8,380만 명에 도달하는 진기록을 세웠다.[29] 그리고 '농장주들', 즉 사용자들이 가상의 물품을 구입하고 레벨을 높이는 데 실제 비용을 지불하고 각자의 디지털 수확물을 보살피는 데 열을 올리면서 이 업체는 2010년 3,600만 달러가 넘는 수익을 거두었다.[30]

이 회사에 대적할 수 있는 게임업체는 없는 듯 보였고, 이 회사는 팜빌의 성공을 모방한 프랜차이즈로 발전 방향을 정했다. 얼마 후 징가는 사람들이 팜빌에서처럼 열심히 몰두해주길 바라며 시티빌CityVill, 셰프빌ChefVill, 프론티어빌FrontierVill 같은 몇 가지 빌Vill 게임을 선보였다. 모두 사용자가 이미 익숙한 팜빌의 게임 기법을 활용한 것이었다. 2012년 3월 징가의 주가는 고공 행진을 했고 회사 가치는 100억 달러를 상회했다.

그러나 같은 해 11월 징가의 주가가 80퍼센트 넘게 하락하면서 징가가 새로 선보인 게임들은 전혀 참신하지 않다는 것이 판명되고 말았다. 팜빌을 살짝 바꾼 것에 지나지 않은 게임들에 사용자들은 흥미를 잃기 시작했고 그 후 투자자들의 소송이 이어졌다. 한때는 참신하고 강한 호기심을 자극하던 것들이 어느새 식상하고 지루한 것으로 바뀐 것이다. '팜빌'의 아류 게임들은 가변성을 잃었고 덩달아 생명력까지 잃고 말았다.

징가의 사례에서 알 수 있는 것처럼, 궁금증 유발은 사용자의 흥미를 계속 유지시키는 데 아주 중요한 요소다. 팜빌 같은 온라인 게임들은 내가 '한정된 가변성'이라고 일컫는 문제를 겪었다. '한정된 가변성'이란 어느 정도 사용하고 나면 예측이 가능해진다는 것이다.

시청자들에게 '이야기가 어떤 식으로 전개될 것인가' 하는 궁금증을 유발하면서 회를 거듭할수록 긴장감을 더했던 〈브레이킹 배드〉도 드라마가 최종 종결되자 사람들의 관심이 시들해지고 말았다. 이 드라마는 매회 새로운 이야기로 사람들의 마음을 사로잡았지만 이제는 모두 끝났다. 그 드라마를 이미 시청한 사람들 중에서 다시 보려고 하는 시청자가 얼마나 되겠는가. 이야기 구성도 이미 알고 있고 핵심 미스터리도 모두 밝혀진 상황에서 드라마를 다시 본다면 처음 볼 때처럼 긴장감과 재미를 느낄 수는 없다. 어쩌면 새로운 이야기를 또 선보인다면 사람들의 흥미가 되살아날 수 있을지 모르지만 이미 방송이 나간 전편들의 재방송 시청률은 매회 새로운 이야기를 선보였던 과거와는 비교도 안 될 정도로 낮을 것이다. 가변성이 한정된 활동은 참여도가 점점 떨어질 수밖에 없다. 활동의 결과를 충분히 예상할 수 있기 때문이다.

한정된 가변성을 가진 회사들이 그 자체로 열등한 것은 아니다. 다만 사업 운영에 제약을 가하는 요소가 다를 뿐이다. 그들은 항상 새로운 것을 찾아 나서야 하고 만족할 줄 모르는 사용자의 욕구를 충족시키기 위해 계속해서 새로운 콘텐츠와 경험을 선보여야 한다. 할리우드와 게임 산업 모두 '스튜디오 모델' 식으로 사업이 운영되는 것은 결코 우연의 일치가 아니다. 다음번에 어떤 것이 히트를 칠지 모르기 때문에 자금이 풍부한 회사의 지원을 받아 다양한 영화나 게임을 배급해야 한다.

이것은 '무한한 가변성'을 지닌 제품과 대조를 이룰 수밖에 없다. 이런 제품은 사용의 가변성을 지속함으로써 사용자의 흥미를 계속 유지시키기 때문이다. 예를 들어, 마지막 레벨까지 실행을 완료하는 게임은 한정된 가변성을 제공하는 반면, 다른 사람들과 대결하는 게임은 가변성이 무한하다. 왜냐하면 대결하는 플레이어에 따라 게임 진행 방식이 완전히 달라지기 때문이다. 다자간 온라인 롤플레잉 게임 분야에서 세계적인 인기를 누린 월드 오브 워크래프트를 보라. 서비스를 개시한 지 8년이 지난 시점에도 실사용자 수가 1,000만 명이 넘을 정도로 높은 참여율을 기록했다.[31] 팜빌은 대부분 플레이어 혼자서 하는 게임이었고, 월드 오브 워크래프트는 팀을 이뤄 게임이 진행되어 다른 사람들의 행동을 예측할 수 없어서 게임에 대한 흥미가 계속 유지된 것이다.

TV 드라마를 시청하는 것과 같은 콘텐츠 소비는 가변성이 한정적인 데 반해 콘텐츠 창조는 가변성이 무한하다. 디자이너들과 아티스트들이 각자의 작품을 소개하는 가상공간 드리블Dribbble 같은 사이트는 무한한 가변성 덕분에 사용자의 참여가 오래도록 지속되고 있다. 이 사이트에 참여하는 사람들은 다른 아티스트들의 피드백을 얻기 위해 자신의 디자인을 기꺼이 공유한다. 유행과 디자인 패턴이 새롭게 바뀔 때마다 드리블의 홈페이지 역시 거기에 맞춰 변화한다. 사용자가 무한한 가변성을 창조하며 끊임없이 변화하는 드리블 사이트는 항상 신선함과 놀라움을 제공한다.

유튜브, 페이스북, 핀터레스트, 트위터 같은 플랫폼들은 방문자에게 계속 새로움을 전달하기 위해 사용자가 작성하는 콘텐츠를 적극 활용한다. 물론 무한한 가변성을 제공한다고 해서 사용자를 영원히 붙잡아둘 수 있는 것은 아니다. 결국에는 유명 작가 마이클 루이스가 쓴 책 《뉴뉴씽The New New Thing》의 제목처럼 더 새로운 뭔가가 등장할 것이고, 우리가 앞 장에서 이야기한 이유들로 인해 소비자는 새로운 것으로 자연스럽게 옮겨갈 것이다. 이처럼 무한한 가변성을 제공하는 제품들은 사용자의 관심을 좀 더 오래 유지시키고, 한정된 가변성을 제공하는 제품들은 그저 뒤처지지 않기 위해서라도 끊임없이 변신을 시도해야 한다.

가변적 보상은 강력한 행동 유인 장치

기본적으로 가변적 보상 체계는 사용자의 욕구를 만족시키면서 사용자의 지속적인 참여를 유도해야 한다. 사용자 습관을 만드는 대부분의 제품과 서비스는 종족 보상, 수렵 보상, 자아 보상 가운데 적어도 한 가지 이상을 활용한다. 실제로 사용자 습관을 만드는 제품 중 상당수가 여러 가지 가변적 보상을 제공하고 있다.

예를 들어, 이메일은 3가지 형태의 보상을 모두 사용한다. 우리가 이메일을 무의식적으로 확인하는 것은 무엇 때문일까? 첫째, 누군가가 이메일을 보냈을지 모른다는 불안감 때문이다. 사람들은 이메일을 받으면 답장을 보내야 한다는 의무감과 상냥한 사람처럼 보이고 싶은 욕구를 가진다(종족 보상). 또 이메일 속에 들어 있을 정보에 대한 호기심 때문일 수도 있다. 어쩌면 우리의 경력이나 사업과 관련된 중요한 내용이 기다리고 있을지 모른다고 생각하기도 한다. 둘째, 이메일을 확인하는 일은 물질적 소유, 생계와 관련된 기회 혹은 위협을 알려주기도 한다(수렵 보상). 셋째, 이메일을 확인하는 일은 그 자체로 하나의 일이다. 우리는 읽지 않은 메일이 생기지 않도록 정리하고 분류해야 한다. 메일함이 언제 다시 가득 찰지 모르기 때문에 자신의 메일함을 수시로 확인하고 정리해야 한다는 강박을 느낀다(자아 보상).

수십 년 전 스키너 박사가 발견한 것처럼, 가변적 보상은 행동을 반복하게 하는 강력한 유인 장치. 사용자가 습관적으로 제품을 계속 사용하도록 유도하는 요인이 무엇인지 파악할 수 있다면 제품 디자이너는 자신의 의도를 실현할 제품을 개발할 수 있다.

***

단순히 사용자가 원하는 것을 제공한다고 해서 사용자 습관을 형성하는 제품이 만들어지는 않는다. 훅 모델의 앞의 세 단계, 즉 트리거 → 행동 → 가변적 보상을 거쳐 피드백 회로가 완성되는 데 있어 중요한 마지막 단계가 빠졌기 때문이다. 다음 장에서는 사용자가 자신의 시간이나 노력, 사회적 자본을 특정 제품에 투자하도록 유도해야만 반복적인 사용이 일어난다는 사실을 알게 될 것이다.

기억하고 공유해야 할 사항

○ 가변적 보상은 훅 모델의 세 번째 단계로 종족 보상, 수렵 보상, 자아 보상이라는 3가지 형태를 취한다.

○ 종족 보상은 타인과의 유대를 통해 강화되는 사회적 보상을 추구한다.

○ 수렵 보상은 물질적 자원 및 정보를 추구한다.

○ 자아 보상은 탁월함, 유능함, 성취감 같은 본질적 가치를 추구한다.

○ 우리는 자율성을 위협받으면 선택하지 못한다는 사실에 압박감을 느껴 새로운 행동을 하는 데 심리적 반발을 느끼곤 한다. 반복적인 참여를 유도하고 싶다면 사용자에게 자율성을 주어야 한다.

○ 한정된 가변성을 지닌 제품은 사용 경험에 대한 예측이 가능해지면서 사용자가 관심과 흥미를 잃게 된다. 무한한 가변성을 지닌 제품은 그 가변성을 지속함으로써 사용자의 관심과 흥미를 계속 유지시킨다.

○ 제품 디자이너는 사용자의 욕구를 충족시키면서 재참여를 유도하는 가변적 보상 체계를 만들어내야 한다.

지금 해야 할 일

앞 장에서 작성한 답변들을 참고해서 다음 활동을 완수해보라.

○ 고객 다섯 명과 개방형 면담을 실시하라. 이야기를 나누면서 당신의 제품에서 고객들이 즐거움을 느끼거나 계속 사용하고 싶게 하는 것이 있는지 살펴보라. 당신의 제품을 사용할 때 기쁨이나 놀라움을 느낄 때가 있는지 물어보라. 당신의 제품을 사용하면서 고객들이 특별히 만족스러워하는 부분이 있는가?

○ 해당 제품이나 서비스를 습관적으로 사용하기 위해 고객들이 거쳐야 할 단계들을 검토해보라. 사용자의 고통을 완화해주는 보상은 무엇인가? 그 보상은 사용자의 욕구를 충족시키는 동시에 더욱더 갈망하게 하는가?

○ 종족 보상, 수렵 보상, 자아 보상의 각 측면에서 당신의 제품이 사용자가 가변적 보상을 추구하는 활동을 강화할 방법을 3가지씩 떠올려보라.

Part 5

훅 4단계: 투자
스스로 시간과 노력을 쏟으면
오래 사용하게 된다

투자

훅 모델의 첫 번째 단계에서 내부 트리거와의 적절한 조화가 얼마나 중요한지 이야기했다. 적절히 조화를 이루는 내부 트리거를 활용해서 사용자에게 다음 행동에 대한 정보를 전달할 수 있기 때문이다. 그다음 행동 단계에서는 즉각적 보상을 기대하며 일어나는 아주 사소한 행동의 중요성을 살펴보았다. 그리고 바로 앞 장에서는 가변적 보상이 사용자의 반복적인 참여에 미치는 영향을 논의했다. 이제 사용자 습관을 만들어내는 첨단 기술 개발에서 아주 중요한 마지막 단계만을 남겨 두고 있다. 사용자의 뇌 속에 자동적 행동을 활성화하는 연결 고리가 만들어지기 위해서는 제품에 대한 사용자의 투자가 일어나야 한다.

심리가 태도를 결정한다

1장에서 런던의 연구자들이 실시한 치실질 실험을 소개한 바 있다. 그 실험에서 연구자들은 새로운 행동이 일어나는 빈도가 새로운 습관을 형성시키는 데 아주 중요한 역할을 한다는 사실을 발견했다. 또 습관을 만드는 데 그다음으로 중요한 요소가 그 행동에 대한 실험 참가자의 태도 변화라는 사실도 알아냈다. 연구 결과는 1장에서 소개한 '습관의 영역' 그래프와도 일치했다. 이 그래프는 어떤 행동이 일상 행동으로 자리 잡기 위해서는 상당한 빈도와 인지된 유용성이 뒷받침되어야 한다는 의미를 내포한다. 태도 변화는 행동이 습관의 영역으로 들어갈 때까지 인지된 유용성 축 위에서의 움직임으로 나타날 수 있다.

그러나 태도 변화가 일어나기 위해서는 행동에 대한 인식의 변화가 있어야 한다. 이번 장에서는 조그만 투자 활동이 우리의 인식을 어떻게 변화시키고, 익숙하지 않은 행동을 어떻게 일상적인 습관으로 전환시키는지 그 미스터리를 파헤치는 것으로 논의를 시작하려고 한다.

뇌가 온갖 엉뚱한 활동을 하는 이유는 '몰입 상승escalation of commitment'이라는 심리 현상 때문인 것으로 밝혀졌다. 일부 사람들의 경우 쓰러져서 죽을 때까지 비디오 게임을 하기도 하는데 그 정도로 몰입의 위력은 엄청나다.[1] 몰입은 더 많은 돈을 자선단체에 기부하도록 사람들에게 영향을 미칠 때도 사용된다.[2] 심지어 전쟁 포로들에게 충성 대상을 바꾸도록 강요할 때도 사용된다고 한다.[3] 이처럼 몰입은 인간에게 엄청난 영향을 미치며 우리가 하는 행동, 우리가 구입하는 물건, 우리가 들이는 습관에서 커다란 부분을 차지한다.

사람들은 특정 제품이나 서비스에 많은 시간과 노력을 투자할수록 그것을 더욱더 중요시하는 경향이 있다. 실제로 우리의 조그만 노력이 애정으로 이어지는 증거들도 많이 발견된다.

우리는 노력을 들인 만큼 제품 가치를 매긴다

2011년 댄 애리얼리, 마이클 노턴, 대니얼 모촌, 이 세 명의 연구자들은 사람들이 어떤 사물에 가치를 매길 때 그들의 노력이 얼마만큼 영향을 미치는지 실험해보았다.[4]

그들은 먼저 실험에 참가한 대학생들에게 종이학 또는 종이개구리를 만들게 했다. 만들기 활동이 끝나자 학생들에게 각자가 만든 작품을 구입하게 하면서 가격을 최대 1달러까지 적어낼 수 있다고 알려주었다. 그런 다음 종이접기를 한 학생들에게 0에서 100까지의 숫자가 적혀 있는 제비를 뽑게 했다. 만약 뽑은 제비가 자신이 제시한 가격보다 높게 나오면 그 사람은 빈손으로 돌아가야 한다. 하지만 자신이 써낸 금액과 같거나 더 낮으면 제시한 금액을 내고 자신이 만든 종이접기를 가질 수 있다. 한편 옆방에는 종이접기를 한 사람들을 전혀 알지 못하는 또 다른 대학생 그룹이 있었다. 그들에게는 첫 번째 그룹이 만든 종이접기 작품에 이와 똑같은 방식으로 가격을 매기게 했다. 그리고 제3의 그룹에게도 전문가들이 만든 종이접기 작품에 동일한 방식으로 가격을 적어내게 했다.

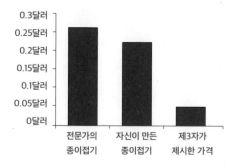

실험 결과 직접 종이접기를 한 사람들은 자신의 작품에 대해 두 번째 그룹이 제시한 금액보다 5배나 높은 가격을 적어냈다. 이때 전문가들의 작품과 맞먹을 정도로 가격을 높게 매긴 것으로 나타 났다. 바꿔 말하면 자신의 노동력을 투자한 사람들은 단순히 직접 만들었다는 이유만으로 자신의 작품에 높은 가치를 부여한 것이 다. 애리얼리는 이런 현상을 가리켜 '이케아IKEA 효과'라고 불렀다.

이케아는 저렴하고 조립 가능한 가정용 가구를 판매하는 세계 최대의 가구업체다. 이 스웨덴 업체가 선보인 가장 주된 혁신은 포 장 공정에 있다. 이를 통해 노동 비용을 줄이고 배달 효율성을 높였 을 뿐 아니라 매장을 보다 효과적으로 활용할 수 있게 했다.

이미 조립된 완제품을 판매하는 다른 경쟁 업체들과 달리 이케 아는 고객이 직접 제품을 조립하게 하는 방식을 택했다. 이렇게 제 품 조립에 사용자가 육체적 노력을 투자하게 하는 데는 겉으로 드 러나진 않지만 상당한 이점이 존재하는 것으로 밝혀졌다. 애리얼리 는 종이접기 실험에 참가했던 사람들과 마찬가지로 고객이 자신이 사용할 제품을 직접 조립하면 자신의 노동력이 투입된 가구에 비이성적인 사랑을 느끼게 된다고 주장했다. 이처럼 사용자의 노력을 적극 활용하는 회사들은 단순히 노동력을 투입했다는 이유만으로 사용자가 제품에 더 높은 가치를 부여하도록 유도한다. 결국 사용자는 그런 식으로 자신의 노동력을 제품에 투자한 것이다.

우리는 과거의 행동과 일관성을 유지하고 싶어 한다

우리가 과거에 했던 행동은 미래의 행동에 어느 정도 영향을 미칠까? 사람들은 자신이 원하는 행동은 무엇이든 자유롭게 선택할 수 있다고 생각한다. 우리가 내리는 선택과 판단이 과거에 했던 행동으로부터 영향을 받지 않는다고 생각하는 것이다. 그러나 여러 연구 결과 실제로는 우리의 과거 행동이 미래 행동을 가늠하는 중요한 지표로 작용한다는 사실이 드러났다.

한 연구팀이 교외 거주자들에게 각자의 집 앞에 "운전 좀 살살 해!"라고 적힌 보기 흉한 대형 표지판을 세우도록 요청했다.[5] 이 실험은 두 그룹을 대상으로 진행되었다. 첫 번째 그룹은 17퍼센트만이와 같은 요청에 동의했고, 두 번째 그룹은 자신의 앞마당에 이런 꼴사나운 표지판을 세우는 데 무려 76퍼센트나 동의했다. 그렇다면 이런 엄청난 차이가 발생한 이유는 무엇이었을까? 두 그룹에게 제시한 조건은 한 가지를 제외하면 모두 동일했다.

사실 두 번째 그룹에게는 이런 요청을 하기 2주 전에 미리 접근해서 크기도 가로세로 7센티미터 정도로 작고, 내용도 "안전운전하세요"라는 부드러운 문구의 표지판을 집 유리창에 붙여달라고 부탁했었다. 이 작은 표지판을 붙여달라는 요청에 거의 모든 사람이 동의했다. 그리고 2주 후 연구자들이 다시 찾아가 원래의 조그만 표지판 대신 대형 표지판을 앞마당에 세워달라고 부탁했고, 대부분의 사람들이 이 요청에 기꺼이 응한 것이다.

이처럼 유리창에 작은 표지판을 세우는 데 동의했던 사람들은 대부분 앞마당에 크고 눈에 확 띄는 볼썽사나운 표지판을 세우는 데도 기꺼이 동의했다. 우리는 이 사실에서 과거 행동과 일관성을 유지하려는 태도가 현재 행동에도 많은 영향을 미친다는 것을 짐작할 수 있다. 즉 창문에 작은 표지판을 붙이는 것 같은 조그만 투자 활동이 미래의 행동을 변화시킬 커다란 요인으로 작용할 수 있다는 얘기다.

우리는 인지 부조화를 회피한다

아동 문학의 고전으로 꼽히는 《이솝 우화》에 나오는 이야기다. 어느 날 배고픈 여우가 포도밭을 지나가다 주렁주렁 매달린 포도를 발견했다. 여우는 포도가 너무너무 먹고 싶었지만 아무리 기를 써도 포도에 손에 닿지 않았다. 이에 실망한 여우는 '포도가 너무 시어서 별로 맛이 없을 거야'라고 생각하기로 마음먹었다.

이 이야기에서 여우는 포도에 대한 자신의 인식 자체를 바꿔버림으로써 스스로를 위로했다. 포도가 잘 익어서 아주 달콤한데도 손이 닿지 않아 먹을 수 없다고 생각하면 너무 속상하고 그런 상황을 체념하고 받아들이기가 더 힘들어지기 때문이다. 이렇게 상충되는 두 가지 생각을 조화시키기 위해 여우는 포도에 대한 자신의 인식을 바꾸어 심리학자들이 '인지 부조화'라고 말하는 고통을 누그러뜨린 것이다.

세상을 바라보는 방식을 비이성적으로 조정하는 것은 동화 속에 나오는 허구적 동물에게만 국한된 것이 아니다. 우리 인간도 마찬가지다.

처음으로 맥주를 한 모금 들이켰을 때 또는 처음으로 매운 음식을 맛보았을 때 당신이 어떤 반응을 보였는지 잘 떠올려보길 바란다. 그 맛이 좋았는가? 분명 아니었을 것이다. 우리의 인체는 알코올과 캡사이신(고추의 매운맛을 내는 성분)을 거부하도록 설계되었다. 후천적으로 익히는 이런 맛들에 대해 우리가 본능적으로 드러내는 반응은 거부다. 그러나 반복적으로 노출되면 그 맛을 차츰 좋아하게 된다. 다른 사람들이 즐기는 것을 보면서 자신도 조금씩 시도하게 되고, 그러면서 점점 그것에 적응해간다. 다른 사람들은 무척 좋아하고 즐기는 것을 자기만 싫어한다는 인지 부조화를 피하기 위해 사람들은 자신이 싫어하는 것에 대한 인식을 그렇게 서서히 변화시켜간다.

합리화가 만드는 결과들

지금까지 설명한 우리 인간의 3가지 경향은 모두 우리의 미래 행동에 영향을 미친다. 뭔가에 더 많은 노력을 쏟을수록 그것의 가치를 더 높이 평가하게 되고, 자신이 과거에 한 행동과 일치하는 행동을 하려고 하며, 인지 부조화를 피하기 위해 자신의 선호도를 변화시킨다.

종합하면 인간의 이런 경향은 결국 '합리화'라는 정신 작용으로 이어진다. 여기서 합리화란, 어떤 상황에 심리적으로 적응하려고 태도와 신념을 바꾸는 것이다. 합리화는 우리가 하는 행동의 이유를 제공한다. 심지어 그 이유가 다른 누군가가 의도한 것이라고 해도 마찬가지다.

한 산업 세미나에서 유명한 게임 디자이너이자 카네기 멜론 대학 교수인 제시 셸이 일부 게임 플레이어들이 온라인에서 보여주는 특이한 사고 작용에 대해 설명한 적이 있다.[6] 셸은 징가의 첫 번째 히트작이자 팜빌처럼 수백만 명의 플레이어를 끌어모았던 마피아 워즈Mafia Wars를 예로 들었다.

"여기에는 분명 많은 심리들이 작용한다. 왜냐하면 누군가가 '텍스트에 기반을 둔 마피아 게임을 만들려고 한다. 이 게임으로 1억 달러가 넘는 수익을 거두게 될 것이다'라고 말한다면 당신은 아마 '결코 성공하지 못할 것이다'라고 말할 것이다. 그렇지 않은가?"

셸 교수의 이 말은 텍스트에 기반을 둔 무료 온라인 게임의 성공 가능성을 묵살한 비평가들을 겨냥한 것이었다. 그러나 징가는 사용자의 심리에 대해 자신들이 파악한 사실들을 활용해 아주 매혹적인 제품을 선보였다.

마피아 워즈는 플레이어의 페이스북 친구들에 관한 정보를 가장 먼저 활용한 게임 중 하나다. 셸 교수는 또 이렇게 말했다.

"더 이상 가상의 세계가 아니다. 플레이어의 페이스북 친구들을 상대로 게임을 벌이는 것이다. 얼마나 멋진가! 그런데 현실 세계의 내 친구는 나보다 능력이 더 뛰어나다. 이 문제를 어떻게 해결하면 좋을까? 글쎄, 장시간 게임 연습을 할 수도 있고, 아니면 어떤 아이템을 구입하는 데 20달러를 쓸 수도 있다. 그리고 내가 사용한 20달러가 내가 알고 있는 사실, 즉 대학 시절 룸메이트 스티브보다 내 능력이 훨씬 뛰어나다는 사실을 확인시켜줄 수 있다면 더할 나위 없이 완벽할 것이다."

그는 계속해서 이렇게 말했다.

"당신이 시간을 쏟아 부은 대상과 합리화 심리가 결합되면 그때부터 당신은 '이것은 가치 있는 일임에 틀림없다. 왜냐하면 내가 거기에 시간을 쏟아 붓고 있기 때문이다!'라고 믿기 시작한다. 그러므로 내가 20달러를 쓴 것도 나름대로 가치 있는 일임에 틀림없다. 내가 거기에 많은 시간을 쏟아 부었다는 것이 그 증거다. 그리고 내가 이미 거기에 20달러를 사용했기 때문에 그것은 가치 있는 일이 되어야만 한다. 왜냐하면 가치도 없는 일에 20달러를 쓰는 것은 바보들이나 하는 짓이기 때문이다."

마피아 워즈 게임과 관련해서 일어나는 변덕스런 합리화 과정에 대한 셸의 설명은 우리가 선호도를 바꿀 때 사용하는 기이한 논리를 그대로 보여준다. 뭔가를 구입해야 할지 말지 고민할 때 플레이어들도 바람직하지 않은 일에 돈을 쓰는 것은 현명한 행동이 아니라는 사실을 잘 알고 있다. 그렇지만 여우가 포도를 딸 수 없는 상황에 대한 좌절감을 누그러뜨리기 위해 포도가 아주 실 거라고 생각해버린 것처럼, 플레이어들도 자신이 추구하는 것이 가치 있는 것이라고 생각하기로 한다. 즉 자신이 바보가 아니라는 것을 스스로에게 납득시키기 위해 자신의 구매 활동을 그렇게 합리화하는 것이다. 결국 유일한 해결책은 게임을 진행하기 위해 계속 비용을 지불하는 것이다.

행동 변화로 이어지는 이런 인지적인 변화는 특정 제품 및 서비스에 대해 우리가 가진 시각을 변화시키는 데도 효과적이다. 그렇다면 사용자 습관을 형성하는 제품들은 어떤 식으로 사용자의 투자 활동을 유도할까? 하나의 습관으로 굳어질 때까지 사용자가 특정 제품이나 서비스에 계속 충실하게 하려면 어떻게 해야 할까?

'약간의 노력'이 작용하는 방식

일반적인 피드백 회로에서 신호 → 행동 → 보상 사이클은 우리가 즉각적으로 하는 행동을 변화시킬 수 있다. 예를 들어, 레이더가 부착된 표지판은 규정 속도와 자동차의 현재 속도를 비교해서 보여줌으로써 운전자들이 곧바로 속도를 늦추게 하는 데 아주 효과적이다.

하지만 제품과 관련해서 습관을 형성하는 방식에서는 이 패턴이 달라진다. 훅 모델은 일회성 행동 변화를 목적으로 하는 활동이 아니다. 사용자의 문제와 제품 디자이너의 해결책을 연결시키기 위해 계속해서 자발적 참여를 이끌어내는 디자인 패턴이다. 사용자가 자발적으로 참여하는 연결 고리를 만들기 위해서는 3단계 피드백

회로 이상의 뭔가가 필요하다.

훅 모델의 마지막 단계인 '투자'는 사용자에게 약간의 활동이 요구된다. 여기서 사용자는 가치 있는 뭔가를 특정 제품이나 서비스에 투입하게 되는데, 이를 통해 사용자가 제품이나 서비스를 사용할 가능성과 훅 모델 사이클의 연속적인 순환이 이루어질 가능성이 더 높아진다.

3장에서 논의한 훅 모델의 두 번째 단계인 '행동'과 달리 투자 단계에서 중요한 것은 즉각적인 만족이 아니라 보다 장기적인 보상에 대한 기대다.

예를 들어, 트위터에서는 다른 사용자를 팔로잉하는 형태로 투자 활동이 이루어진다. 누군가를 팔로잉하는 활동에는 즉각적인 보상이 없다. 그 활동을 열심히 한다고 별이나 배지가 부여되지도 않는다. 팔로잉은 해당 서비스에 대한 일종의 투자이고, 이것은 앞으로 사용자가 계속 트위터를 확인할 가능성을 높여준다.

행동 단계와 반대로 투자 단계에서는 마찰이 확대된다. 이것은 분명 모든 사용자 경험이 최대한 '힘들이지 않고 쉽게' 일어나야 한다는 전통적 사고에 위배된다. 물론 행동 단계에서 의도한 행동이 최대한 간단하고 쉽게 일어나야 한다고 했던 내 조언은 투자 단계에서도 전반적으로 유효하다. 다만 투자 단계에서는 가변적 보상을 제공한 후에만 사용자에게 약간의 노력을 요구할 수 있다. 그 전에는 절대 안 된다. 사용자에게 투자를 요구하는 타이밍이 그 정도로 중요하다는 얘기다. 가변적 보상이 일어난 후 투자 활동을 요구하면 인간 행동의 중요한 특성을 활용할 수 있다.

스탠퍼드 대학의 연구원들이 사람들을 두 그룹으로 나누어 컴퓨터의 도움을 받아 어떤 임무를 완수하게 하는 실험을 실시한 적이 있다.[7] 우선 실험에 참가한 사람들에게 일련의 질문에 답변을 작성할 수 있도록 컴퓨터를 제공했다. 첫 번째 그룹에게 제공된 컴퓨터는 답변을 작성하는 데 유용했지만, 두 번째 그룹에게 제공된 컴퓨터는 불확실한 답변을 제시하는 등 활동에 도움이 되지 않도록 프로그래밍되어 있었다. 참가자들이 주어진 임무를 완수하자, 이번에는 컴퓨터와 사람의 역할을 바꾸어보았다. 기계가 사람의 도움을 받아 답변을 작성하는 것이었다.

그런데 유용한 컴퓨터를 제공받았던 그룹은 자신의 컴퓨터를 위해 2배나 더 많은 활동을 펼쳤다. 이 사실은 상호호혜가 단순히 인간 사이에서만 나타나는 특성이 아니고 인간과 기계 간 상호작용에서도 유효하다는 사실을 알려주었다. 인간이 서로에게 친절을 베푸는 관행을 발달시킨 이유는 그것이 인간의 생존 능력을 높이기 때문이다. 이미 밝혀진 바와 같이 우리가 제품이나 서비스에 투자를 하는 것도 똑같은 이유에서다. 우리 자신과 제품 및 서비스 간의 관계를 발전시키기 위해서 공을 들이는 것이다.

이런 투자 단계의 이면에는 해당 서비스를 사용할수록 서비스가 더욱 개선될 것이라는 사용자의 믿음을 활용하려는 의도가 숨어 있다. 훌륭한 우정과 마찬가지로 사용자가 더 많은 노력을 기울일수록 사용자와 기업 모두 더 많은 이점을 누린다.

가치가 저장될수록 재사용이 이루어진다

현실 세계에 존재하는 물리적 제품들과 달리 첨단 기술과 연관된 소프트웨어는 사용자의 욕구에 맞춰 얼마든지 변신이 가능하다. 사용되는 만큼 개선되기 위해, 사용자 습관을 만드는 첨단 기술은 사용자가 해당 제품에 쏟는 투자 활동을 이용해서 사용 경험을 더욱 강화한다. 사용자가 제품에 대한 가치를 추가로 저장할수록 향후 재사용할 가능성이 높아지고, 그렇게 저장된 가치는 다양한 형태로 나타나기 때문이다.

모일수록 가치가 커지는 콘텐츠의 힘

애플 아이튠즈의 사용자가 보관함에 노래를 한 곡씩 추가할 때마다 해당 서비스와의 연결 고리는 더욱 강화된다. 플레이 리스트에 있는 노래들은 콘텐츠가 특정 서비스의 가치를 얼마나 증대시키는지를 단적으로 보여준다. 그 노래들을 만든 것은 아이튠즈도 아니고, 아이튠즈의 사용자도 아니다. 그런데도 사용자가 콘텐츠를 추가하면 추가할수록 음악 보관함의 가치는 더욱 높아진다.

하나의 서비스로 콘텐츠를 통합하면 사용자는 자신이 저장한 음악을 더 많이 들을 수 있고, 아이튠즈도 사용자의 선호도를 보다 자세히 파악할 수 있기 때문에 성능이 더욱 개선된다. 사용자의 투자 활동이 이어지면서 다양한 애플 기기에서 더 많은 노래를 들을 수 있는 것이다.

2013년 애플은 아이튠즈 라디오 서비스를 새롭게 선보이면서

애플 아이튠즈의 음악 콘텐츠.

사용자 각자의 아이튠즈에 수록된 음악을 바탕으로 개인별 맞춤 추천 서비스를 제공하겠다고 발표했다. 이와 같은 새로운 기능은 사용자의 투자 활동을 통해 첨단 기술이 어떻게 변화하고 발전하는지를 보여주는 또 다른 사례라고 할 수 있다.

콘텐츠는 특정 서비스를 사용하는 사용자들에 의해 만들어지기도 한다. 한 예로, 페이스북의 각종 업데이트, '좋아요' 버튼, 사진이나 동영상은 사용자의 타임라인에 추가되면서 특정인의 과거 경험과 인맥에 대한 스토리를 다시 들려준다. 사용자들이 해당 서비스에 올라온 정보들을 공유하고 계속 상호작용을 하는 동안 그들의 디지털 라이프 역시 계속 기록되고 저장된다. 기억과 경험이 한데 모이면 시간이 흐를수록 그 가치는 계속 올라가고, 해당 사이트에 사용자가 쏟아 붓는 투자 활동이 증가할수록 다른 사이트로 옮기는 일은 그만큼 더 힘들어진다.

사용자 데이터가 가치를 높이는 방법

사용자들이 제작하고 수집하고 탄생시킨 정보, 예를 들면 노래나 사진, 새로운 소식 같은 것들은 콘텐츠 형태로 저장된 가치라고 할 수 있다. 그러나 가끔은 능동적 혹은 수동적으로 자신이나 자신의 행동에 관한 데이터를 추가함으로써 특정 서비스에 대한 사용자의 투자 활동이 일어나기도 한다.

그런 점에서 링크드인의 사용자 온라인 이력서는 데이터 형태로 저장된 가치를 잘 보여주는 사례라 할 수 있다. 구직자들이 해당 서비스를 사용할 때마다 링크드인은 보다 많은 정보를 추가할 수 있다. 링크드인은 사용자가 투입하는 정보가 많아질수록 사이트에 대한 헌신도가 높아진다는 사실을 발견했다. 회사 설립 당시 제품 담당 고위 임원으로 활동했던 조시 엘먼은 이렇게 말했다.

"사용자들이 약간의 정보를 입력하도록 유도할 수만 있다면 그들이 사이트를 다시 방문할 가능성은 아주 높아진다."

사용자가 자신의 정보를 조금 제공하는 약간의 투자 활동이 서비스를 다시 찾도록 이끄는 강력한 유인책인 셈이다.

민트닷컴은 수백만 명의 미국인이 사용하는 온라인 개인 금융 서비스다. 이 서비스는 사용자들의 계정을 한곳에 모아 재정 상황을 한눈에 볼 수 있게 해주었다. 물론 사용자가 서비스에 시간과 데이터를 투자했을 때만 가능하다. 민트닷컴은 사용자에게 다양한

사용자 데이터로 가치가
올라가는 민트닷컴.

맞춤별 서비스를 제공하는 다양한 기회를 부여함으로써 사용할수
록 가치가 점점 올라가는 사이트가 되고 있다. 예를 들어, 계좌들
을 연결하거나 거래를 분류하거나 예산을 세우는 일도 일종의 사
용자의 투자 활동이다. 그리고 더 많은 데이터가 수집될수록 서비
스에 저장되는 가치는 그만큼 더 커진다.

팔로워 수가 만드는 가치

2013년 11월 7일 트위터의 주식이 처음 상장되던 날 아침, 블룸
버그 채널의 한 뉴스 해설자가 이런 말을 했다.

"트위터를 설립하는 데 필요한 첨단 기술은 하루 만에도 만들
수 있다."[8]

사실 옳은 지적이었다. 기본적인 프로그래밍 노하우만 갖추면

누구라도 이 거대한 SNS 기업을 모방해서 자신만의 회사를 설립할 수 있다.

실제로 몇몇 기업들이 트위터를 대신할 서비스를 선보이려고 시도했다. 가장 눈에 띈 시도로는 트위터에 불만이 많았던 개발자가 설립한 앱닷넷App.net이었다. 광고를 게재하지 않는 것이 특징인 이 서비스는 사실 많은 업계 전문가들이 트위터보다 더 나은 제품이라는 찬사를 보낼 정도였다. 그러나 트위터를 모방한 다른 시도들과 마찬가지로 이 서비스 역시 트위터를 대신하지는 못했다. 그 이유는 무엇일까?

팔로워뿐 아니라 트위터의 신규 사용자들을 끌어모으는 활동

트윗과 팔로워의 수가 눈에 띄는 트위터.

이 트위터에 엄청난 가치를 안겨주고 사용자가 계속 트위터에 매력을 느끼는 핵심 동인으로 작용했기 때문이다.

팔로워 측면에서 보면 팔로잉하는 인물 목록이 더 늘어날수록 흥미로운 콘텐츠를 전달하는 트위터의 서비스는 더욱더 향상된다. 사용자가 적절한 인물들을 팔로잉하는 데 시간과 노력을 투자하면 사용자 각자의 새 글 목록에 관련성 있고 흥미로운 콘텐츠가 더 많이 올라가게 되고 이로써 트위터의 가치도 더불어 상승한다.

더 많은 팔로워를 원하는 트위터 사용자의 입장에서 보더라도, 자신의 팔로워 수가 늘어날수록 해당 서비스의 가치도 그만큼 올라간다. 트위터에 콘텐츠를 올리는 사람들은 최대한 많은 사람들에게 자신의 게시물이 전달되길 바란다. 합법적인 방법으로 신규 팔로워를 확보하는 유일한 길은 사람들이 흥미를 가질 만한 트윗을 보내서 자신을 팔로잉하게 하는 것이다. 그러므로 콘텐츠 작성자들은 더 많은 팔로워를 확보하기 위해서라도 더 좋은 트윗을 더 많이 작성하는 데 많은 시간과 노력을 투자해야 한다.

이 선순환 구조는 서비스 사용 빈도가 늘어날수록 양쪽 모두에게 해당 서비스의 가치를 더욱 증대시키는 효과가 있다. 다른 경쟁 기업의 서비스로 옮기는 일은 대다수 사용자에게는 수년간의 투자 활동을 포기하고 새로운 투자 활동을 또다시 시작해야 하는 것을 의미한다. 확보하는 것은 물론이고 관리하는 데도 엄청난 노력이 요구되는 충성스러운 추종자들을 처음부터 다시 끌어모으고 싶은 사람은 없을 것이다.

좋은 평판과 나쁜 평판

평판은 사용자가 가장 신뢰할 만한 저장된 가치다. 이베이, 태스크래빗TaskRabbit, 옐프, 에어비앤비 같은 온라인 장터에서 부정적 평가를 받은 사람들은 훌륭한 평판을 얻은 사용자들과 완전히 다른 대우를 받는다. 이베이에서는 품목에 대해 판매자가 받는 가격, 태스크래빗에서는 구직자 선택, 옐프에서는 검색 결과 상단을 차지하는 음식점, 에어비앤비에서는 방 임대료 등이 평판에 의해 결정될 때가 많다.

이베이에서는 구매자와 판매자가 모두 평판을 아주 중요시한다. 전자상거래 업계의 대표 주자인 이베이는 구매자와 판매자에 대해 사용자들이 작성한 평가 점수를 주고, 아주 활발한 활동을 펼친 사용자에게는 높은 신뢰도를 상징하는 배지를 제공한다. 반면 나쁜 평판을 얻은 쪽은 불가능한 것까지는 아니어도 높은 평가를 받은 쪽과 경쟁하기가 아주 힘들어진다. 저장된 가치의 한 형태

구매자와 판매자가 평가 점수를 받는 이베이.

인 평판은 서비스 사용 가능성을 증대시킨다. 구매자와 판매자 모두 자신이 많은 시간과 노력을 투입한 특정 서비스를 계속 고수할 가능성이 높고, 또 그래야만 높은 평가 점수를 계속 유지할 수 있기 때문이다.

사용법을 아는 제품이 가치가 있다

제품 사용법을 익히는 데 시간과 노력을 투입하는 것 역시 투자와 저장된 가치의 한 형태라고 할 수 있다. 사용자가 사용법을 익히면 서비스를 더 사용하기 쉬워지고, 3장에서 설명한 포그 박사의 행동 모델의 '능력' 축에서 그래프가 바람직한 방향으로 나아갈 수 있게 된다. 포그 박사가 주장한 것처럼, 일상화는 단순성을 구성하는 요소이고 어떤 행동에 익숙해질수록 사용자는 그 행동을 할 가능성이 높아진다.

어도비 포토샵을 예로 들어보자. 세계적으로 가장 널리 사용되는 전문가용 그래픽 편집 프로그램인 어도비 포토샵은 이미지를 생성하고 조정하는 수백 가지의 고급 기능을 탑재하고 있다. 처음에는 프로그램을 익히는 일이 어렵지만 사용자가 사용 가이드 영상을 시청하고 사용 매뉴얼을 읽는 데 약간의 시간을 투자하면 점점 익숙해져 보다 능숙하고 효율적으로 사용할 수 있다. 더불어 성취감(자아 보상)도 맛볼 수 있다. 하지만 제품 디자인 전문가들에게는 안타까운 일이지만 이런 학습 활동이 꼭 경쟁력 있는 소프트웨어 탄생으로 이어지는 것은 아니다. 사용자가 시간과 노력을 투자해서 한 제품의 사용법을 익히면 다른 경쟁 제품을 사용할 가능성은 그만큼 줄어들기 때문이다.

혹 모델의 다른 모든 단계와 마찬가지로 세심한 활용은 투자 단계에서도 똑같이 필요하다. 이것은 사용자에게 아주 부담스러운 활동을 요청하는 백지 위임장이 아니다. 사실은 오히려 그 반대다. 3장에서 설명한 행동 단계와 마찬가지로 투자 단계에서도 의도한 사용자 행동이 일어나기 위해서는 사용자가 그 행동에 나설 만한 동기와 능력을 충분히 갖추었는지부터 살펴야 한다. 만약 투자 단계에서 사용자가 제품 디자이너의 의도대로 행동하지 않는다면 사용자에게 너무 많은 것을 요구하고 있어서일 수도 있다. 그럴 때는 디자이너가 원하는 사용자의 투자 활동을 세분화해서 작고 쉬운 것부터 다시 시작하게 해야 한다. 그런 다음 혹 모델 사이클이 연속적으로 반복되면 조금씩 강도를 높이는 것이 바람직하다.

앞에서 살펴본 것처럼 사용자는 투자 단계에서 제품이나 서비스에 대한 가치를 저장한다. 그러나 투자 단계에서 발견한 또 다른 핵심 기회가 해당 제품이나 서비스를 반복 사용할 가능성을 대폭 높일 수 있다.

그다음 트리거를 마련하라

2장에서 이야기한 것처럼 트리거는 사용자가 제품을 반복적으로 사용하도록 유도한다. 결국 사용자 습관을 만들어내는 제품은 내부 트리거와의 정신적 연결 고리가 생성되어야 성공할 수 있다. 그러나 사용자 습관이 형성되려면 먼저 제품을 사용하면서 혹 모델을 여러 번 순환 반복해야 한다. 그러므로 사용자가 순환 반복하도록 유도하기 위해서는 외부 트리거들이 나타나야 하는 것이다.

사용자 습관을 형성하는 첨단 기술들은 향후 이런 외부 트리거를 등장시킬 때 사용자의 과거 행동을 적극 활용한다. 투자 단계에서 사용자는 해당 기업에 자신의 재참여를 유도할 기회를 제공하면서 미래 트리거까지 만들어주게 된다. 그럼 지금부터 투자 단계에서 앞으로 사용할 트리거를 어떤 식으로 마련하면 좋을지 구체적인 사례들로 살펴보자.

애니닷두Any.do가 이끌어낸 초기 사용자의 투자 활동

사용자를 유지하는 일은 모든 사업에서 어려운 문제다. 특히 모바일 앱은 더더욱 그럴 수밖에 없다. 한 모바일 분석 업체의 조사에 따르면 다운로드를 받았지만 한 번밖에 사용하지 않은 모바일 앱이 전체의 26퍼센트에 달한다고 한다.[9] 사람들이 과거보다 더 많은 앱을 사용하고 있지만 지속적인 사용의 빈도는 낮다는 사실이 다른 데이터 분석 결과에도 그대로 나타났다.[10]

애니닷두는 드라이클리닝을 맡긴 옷 찾아오기, 냉장고에 우유 사다놓기, 엄마에게 전화 걸기 등 간단한 할 일 목록을 기록하고 관리하도록 도와주는 모바일 앱이다. 변덕이 심한 모바일 기기 사용자를 계속 붙잡아두는 것이 아주 어려운 일임을 정확히 꿰뚫어본 이 기업은 이런 문제를 보완하기 위해 사용자의 초기 투자 활동

신규 사용자에게 사용법을 아주 세련된
방식으로 알려주는 애니닷두.

을 유도하는 방향으로 서비스를 디자인했다. 그리고 이 앱을 처음 사용하는 사람들에게 아주 세련된 방식으로 사용법을 설명한다. 여기서 트리거가 '이해하기 쉽고 명확한 설명'이라는 형태로 등장한다. 그다음 이어지는 행동은 이 앱에서 지시하는 대로 실행에 옮기는 것이다. 축하 메시지와 앱의 사용법을 완전히 익혔다는 만족감은 사용자에게 가변적 보상을 제공한다.

이후 투자 활동이 이루어진다. 애니닷두는 신규 사용자에게 사용자의 일정표에 접속할 수 있도록 해당 앱에 일정표 서비스를 연결하라고 지시한다. 이것은 해당 앱이 다음번 회의가 끝난 후 알림 메시지를 보내는 것을 사용자가 허용하는 것을 의미한다. 이런 외부 트리거는 사용자가 방금 참석한 회의의 후속 임무를 기록하기 위해 이 앱에 들어가도록 유도한다. 애니닷두의 시나리오대로라면 이 앱은 회의가 끝난 후 할 일을 깜빡할지 모른다는 불안감(내부 트리거)이 가장 고조될 시점에 사용자에게 외부 트리거를 보낸다. 애니닷두는 사람들이 이 앱의 필요성을 인식하길 기대하며 사용자가 성공을 준비하도록 돕는다.

틴더Tinder, 간소함을 트리거로 활용

2013년 중반, 경쟁이 치열했던 온라인 만남 주선 시장에 '틴더'라는 신생 기업이 진출했다. 간단한 인터페이스를 통해 마음에 드는 사람을 찾고 싶어 하는 사람들 사이에서 폭발적인 인기를 끌었다. 틴더는 매일 3억 5,000만 명 정도가 신청해 350만 쌍이 맺어지고

검색의 시간과 노력을 간소화한 틴더.

있다.[11] 모바일 앱을 선보이고 페이스북과 연계된 로그인 서비스를 시작한 후부터 사용자들은 다른 미혼 남녀들의 프로필 사진과 소개 글도 검색할 수 있게 되었다. 연결 가능성이 있는 사람들에게는 카드가 제공된다. 그리고 상대방에게 관심이 없으면 카드를 왼쪽에 대고, 마음에 드는 사람이 나타나면 카드를 오른쪽에 댄다. 양쪽 모두가 관심을 표시하면 한 쌍의 만남이 성사되고, 두 잠재적 연인은 은밀히 사적인 대화를 나눌 수 있는 별도의 채팅방으로 이동한다.

연결 가능성이 있는 사람들을 검색하는 투자 활동을 간소화함으로써 틴더는 사람들이 카드를 한 번씩 댈 때마다 좀 더 가능성 있는 다음 번 트리거를 마련해줄 수 있게 된다. 카드를 더 많이 댈수록 더 많은 잠재적 커플이 탄생할 가능성이 높아진다. 물론 잠재적 커플이 연결될 때마다 두 당사자에게는 알림 메시지가 전달된다.

매번 다음 트리거가 생겨나는 스냅챗Snapchat

높은 인기를 자랑하는 사진 공유 앱 스냅챗에서는 수백만 명의 열성 사용자들이 날마다 2억 건이 넘는 사진과 동영상을 보낸다.[12] 이 엄청난 수치는 날마다 스냅챗 사용자 한 사람이 평균 40장의 사진을 전송하고 있다는 뜻으로 해석할 수 있다.

사람들이 스냅챗을 이렇게 열렬히 이용하는 이유는 무엇일까? 일반적으로 스냅챗의 성공 요인은 사용자가 매번 서비스를 이용할 때마다 그다음 트리거를 마련한다는 데서 찾을 수 있다. 스냅챗은 단순히 이미지를 공유하는 수단 그 이상이다. 문자 메시지와 비슷한 일종의 커뮤니케이션의 수단인 것이다. 발신자가 미리 지정하면 타이머가 내장된 부가 기능을 통해 메시지 확인 후 저절로 사라지게 할 수도 있다.

사용자는 자신의 셀카 사진, 끼적거린 글, 우스꽝스러운 사진을 보낼 때마다 훅 모델의 투자 단계를 거친다. 송부한 사진이나 동영상 속에는 상대방의 반응을 촉발하는 확실한 유인 장치가 들어 있고, 스냅챗의 인터페이스는 답장 보내기가 쉽게 디자인되었다. 자신이 받은 메시지를 연달아 두 번 톡톡 두드리기만 하면 된다. 메시지가 저절로 사라지게 하는 기능은 상대방의 시의적절한 반응을 유도하고 사람들이 서비스에 계속 머물면서 메시지를 주고받게 한다. 이런 식으로 메시지를 한 번 보낼 때마다 그 속에서 다음 번 트리거가 마련된다.

핀터레스트가 사용자의 욕구를 자극하는 방식

수많은 SNS와 마찬가지로 핀터레스트도 훅 모델의 투자 단계에서 그다음 트리거를 마련하고 있다. 월간 5,000만 명의 엄청난 사용자 수를 보유한 핀터레스트는 패션에 초점이 맞춰져 있던 사람들의 사이트 검색 습관을 완전히 바꿔놓았다. 핀터레스트가 탄생하기 전까지는 사람들이 주로 잡지 사이트나 자신이 즐겨찾기를 해놓은 웹사이트를 기웃거렸던 것이다.[13]

사용자의 내부 트리거는 일반적으로 '지겨움'일 때가 많다. 그래서 핀터레스트는 즉효약을 제공했다. 사이트를 이용하는 사용자가 할 일은 화면을 계속 스크롤하는 것밖에 없다. 그러면 핀터레스트는 아주 엄청난 가변적 보상을 제공한다. 사용자가 직접 올리고 관리하는 흥미로운 게시물들을 한데 모아놓은 핀터레스트는 비록 이미지에 불과하지만 탐나는 뭔가를 찾는 활동에 대해 간헐적으로 강력한 보상을 제공한다. 그뿐만 아니라 비슷한 취향을 가진 친구 및 사람들과의 커뮤니케이션 수단이 되기도 한다. 종족 보상은 커뮤니케이션의 매개체인 게시 이미지들의 가변성에서 발생한다. 사용자들은 핀터레스트에 친구가 어떤 콘텐츠를 올렸는지 확인하고 싶어 한다. 이미지 자체도 궁금하지만, 그것을 올린 사람과의 관계 역시 호기심 유발에 한몫한다.

마지막으로 핀터레스트에서는 사용자가 자신이 찍은 이미지를 올리거나, 다른 사람이 올린 이미지를 자신의 보드에 다시 포스팅하거나, 거기에 자신의 의견을 달거나, 다른 콘텐츠에 '좋아요'를 클릭할 때마다 투자 활동이 이루어진다. 이런 사소한 투자 활동 하나하나가 핀테레스트의 데이터가 되며, 핀터레스트는 이 데이터를

사용자의 다양한 투자 활동이 일어나는 핀터레스트.

사용해서 사용자 각자의 취향에 맞춰 사이트를 조정하고 다음 트리거를 마련하게 된다. 그리고 자신의 이미지를 포스팅하거나, 다른 사람이 올린 이미지를 다시 포스팅하거나, '좋아요'를 클릭하거나, 의견을 적는 것은 다른 누군가가 게시물을 올렸을 때 핀터레스트가 알림 메시지를 보내는 것을 암묵적으로 동의한다는 뜻이다. 이런 식으로 핀터레스트는 사이트를 다시 방문하고 싶어 하는 사용자의 욕구를 자극해서 더 많은 게시물을 확인하도록 유도한다.

우리는 핀터레스트에서 훅 모델의 네 단계를 분명하게 발견할 수 있다. 의도된 행동을 하도록 사용자들을 자극하는 내부 트리거에서 가변적 보상 단계를 지나 마침내 투자 단계에 이르도록 유도한다. 그리고 여기서 그다음 외부 트리거까지 마련하면서 4단계 활동이 아주 자연스럽게 흘러간다. 훅 모델 사이클의 첫 번째 단계부터 마지막 단계를 모두 거친 핀터레스트의 사용자들은 또 한 차례의 순환을 위해 기꺼운 마음으로 다시 출발 지점으로 돌아온다.

***

이번 장에서 우리는 제품에 대한 사용자의 투자 활동이 어떤 식으로 사용자의 재사용을 유도하는지 살펴보았다. 이를 위해 습관을 형성하는 첨단 기술은 훅 모델 사이클의 순환이 한 번씩 이루어질 때마다 제품의 가치를 더욱 높인다. 사용자는 이 연속적인 순환 과정을 거치면서 제품을 사용할 때 더욱 친밀감을 느낀다. 결국 제품을 사용하는 새로운 습관이 일상적 행동이 될 때까지 사용자는 자신의 문제를 해결해주는 제품에 점점 더 의존하게 된다.

　사용자가 어떤 제품에 자신의 사소한 노력을 자주 투자할수록 그 제품이 사용자의 생활에서 차지하는 가치는 점점 높아지고, 제품을 사용하는 데 있어 의구심도 점점 줄어든다. 물론 사용자는 영원히 그런 중독 상태에 머물러 있지는 않는다. 언제나 그렇듯이 다른 뭔가가 등장해 인기몰이를 하며 더 뛰어나고 중독성 강한 매력을 제공할 것이기 때문이다. 하지만 제품 혹은 서비스에 대한 투자 활동으로 사용자의 공고한 습관이 형성되면 사용자는 다른 경쟁 제품 혹은 서비스로 옮겨가기가 그만큼 어려워진다. 한 번 형성된 사용자 습관은 깨부수기가 어렵고, 운 좋게 사용자 습관을 형성한 기업들은 막강한 경쟁 우위를 누리게 된다.

기억하고 공유해야 할 사항

○ 투자는 훅 모델의 네 번째 단계다.

○ 즉각적인 만족을 제공하는 행동 단계와 달리 투자 단계에서는 앞으로 일어날 보상에 대한 기대가 중요하게 작용한다.

○ 자신이 투입한 노력을 과대평가하고, 과거 행동과의 일관성을 계속 유지하려 하고, 인지 부조화를 피하려는 우리의 보편적 경향으로 인해 특정 제품에 대한 우리의 투자 활동은 그 제품의 선호도로 이어진다.

○ 투자는 가변적 보상 단계가 끝난 후 사용자가 거기에 화답할 준비를 갖추었을 때만 일어날 수 있다.

○ 투자는 사용할수록 서비스를 좋아지게 함으로써 사용자의 재참여 가능성을 높인다. 또한 콘텐츠, 데이터, 팔로워, 평판, 사용법 등 저장된 가치를 높이는 효과도 있다.

○ 투자는 훅 모델 사이클을 처음부터 다시 시작할 수 있는 다음 트리거를 마련해주기 때문에 사용자가 훅 모델 사이클을 다시 한번 순환할 가능성이 높아진다.

지금 해야 할 일

앞 장에서 수행한 활동을 참고해서 다음 질문에 답해보라.

○ 당신의 제품이 보여주는 흐름을 살펴보라. 재사용을 유도하기 위해 사용자에게 요구하는 '약간의 노력'은 무엇인가?

○ 당신의 제품에 대해 사용자가 할 수 있는 작은 투자 활동 3가
  지를 생각해보라.

○ 다음 트리거를 마련하라.

○ 사용자가 데이터, 콘텐츠, 팔로워, 평판, 사용법 등을 활용해
  가치를 저장하게 하라.

○ 마련된 다음 트리거가 재사용을 유도하는 데 어느 정도의
  시간이 걸리는지 파악하라. 혹 모델 사이클의 순환 시간을
  줄이려면 어떤 식으로 지연 상태를 줄여야 하는가?

Part 6

결국 당신이 이루고자
하는 것은 무엇인가

훅 모델은 하나의 습관이 형성될 때까지 사용자의 문제와 제품 디자이너의 해결책을 빈번하게 연결시키기 위해 고안되었다. 한마디로 장기적인 사용과 참여를 유도해서 사용자의 욕구를 해결해주는 제품을 개발하는 체계다.

사용자는 훅 모델을 여러 차례 경험하면서 자신의 욕구를 습관을 만드는 제품과 부합시키는 법을 익힌다. 훅 모델을 효과적으로 사용하면, 외부 트리거에만 의존하던 방식에서 벗어나 내부 트리거를 통해 두뇌에서 연상 작용이 일어나도록 사용자를 유도할 수 있다. 그러면서 사용자의 참여도와 선호도를 점점 높일 수 있다.

앞에서 훅 모델의 4단계를 살펴보았다. 이제는 훅 모델을 효과적으로 사용하기 위한 5가지 근본적인 물음에 답해볼 시간이다.

1. 사용자가 정말 원하는 것은 무엇인가? 당신의 제품이 줄여 주고 있는 사용자의 고통은 무엇인가?(내부 트리거)

2. 사용자가 당신의 서비스를 찾게 만드는 것은 무엇인가?(외부 트리거)

3. 사용자가 보상을 기대하며 취하는 가장 간단한 행동은 무엇이고, 이것을 좀 더 용이하게 하기 위해 당신은 어떤 식으로 제품을 단순화할 수 있는가?(행동)

4. 사용자는 당신이 제공하는 보상에 만족하는가, 아니면 여전히 더 많은 것을 갈망하는가?(가변적 보상)

5. 사용자가 당신의 제품에 투자하는 '약간의 노력'은 무엇인가? 당신은 거기에서 다음 트리거를 마련했는가? 그리고 사용할수록 당신의 제품을 더 나은 것으로 만들어주는 저장된 가치는 무엇인가?

누군가를 조종하는 일에 관한 윤리적 문제

그럼 이제는 무엇을 해야 할까? 우리는 지금까지 사용자 습관을 만드는 첨단 기술을 개발할 때 필요한 패턴에 대해 이야기했다. 그렇다면 당신은 이런 지식을 어떻게 활용할 생각인가?

어쩌면 이 책을 읽으면서 훅 모델이 일종의 조종 기술이 아닐까 하는 의구심을 갖는 사람도 있을 것이다. 또 마인드컨트롤 설명서 같은 이 책을 읽으면서 약간은 불편한 마음을 느꼈을 수도 있다.

만약 그랬다면, 아주 긍정적인 징조다.

혹 모델은 기본적으로 사람들의 행동을 변화시키는 데 초점을 맞춘다. 그러나 설득형 제품을 개발하는 능력은 아주 신중하게 사용되어야 한다. 습관을 만드는 일은 좋은 의도로 사용될 수 있지만 비도덕적인 활동에도 사용될 수 있기 때문이다. 사용자 습관을 만들 때 제품 개발자들은 어떤 책임감을 갖고 작업에 임해야 할까?

먼저 우리가 사람들을 설득해야 하는 업계에서 활동하고 있다는 사실부터 솔직하게 인정하자.[1] 첨단 과학 기술자들은 자신이 의도한 행동을 하도록 사람들을 설득하는 제품을 개발한다. 우리는 사람들을 '사용자'라고 대놓고 말하지는 않지만 속으로는 사용자들이 우리가 만든 제품에 교묘히 중독되기를 바란다. 짐작컨대 당신이 이 책을 읽는 것도 아마 그런 이유에서일 것이다.

오늘날 사용자들은 자신의 첨단 기기를 잠자리까지 갖고 들어간다.[2] 아침에 눈을 뜨자마자, 심지어 가족에게 아침 인사를 건네는 일도 잊은 채, 문자 메시지, 트윗, 새로 올라온 소식부터 확인한다. 유명 게임 개발자이자 교수인 이언 보고스트는 습관을 형성하는 첨단 기술들의 유행을 '금세기의 담배'라고 부르며 그 속에 잠재된 파괴적인 부작용과 중독성을 엄중히 경고한 바 있다.[3]

당신은 어쩌면 이런 질문을 던질지도 모른다.

"사용자를 조종하는 것이 언제 문제가 되는가?"

조종은 행동을 변화시키기 위한 것이다. 우리 모두는 조종당하는 것이 어떤 기분인지 잘 알고 있다. 전혀 할 생각이 없는 뭔가를 누군가가 억지로 시킨다는 느낌을 받으면 우리는 그때부터 아주 불편해진다. 자동차 세일즈맨의 장광설을 끝까지 듣고 있어야 하거나, 공공장소에서 시끄럽게 물건을 홍보하는 사람들을 계속 보고 있어야 하는 것도 그런 경우다.

조종에 항상 부정적인 의미만 있는 것은 아니다. 그렇다면 기꺼이 조종당하고 싶어 하는 사용자들을 상대로 사업을 펼치는 수십억 달러 규모의 산업들을 어떻게 설명할 수 있겠는가.

조종이 행동을 변화시키기 위해 고안된 활동이라고 할 때, 여기에 아주 완벽하게 부합되는 사례가 있다. 역사적으로 가장 큰 성공을 거둔 대중적인 조종 제품 웨이트워처스Weight Watchers가 바로 그 주인공이다.[4] 웨이트워처스의 사용자들이 내리는 결정은 모두해당 제품을 디자인한 사람들에 의해 프로그래밍된 것이다. 하지만 이 사업에 대해 윤리적 문제를 제기하는 사람은 아무도 없다.

그렇다면 무슨 차이가 있을까? 엄격하게 식단을 제한하는 활동은 칭찬할 만한 일로 간주되는 데 반해 화려한 광고나 중독성 강한 비디오 게임 같은 것으로 사용자들을 조종하는 일은 왜 불쾌하게 여겨질까? 많은 사람이 웨이트워처스를 수용 가능한 조종 활동으로 여기는데도 우리의 윤리적 잣대는 오늘날 첨단 기술이 실현하고 있는 것들을 제대로 따라가지 못하고 있다.

어디에서나 인터넷 접속이 가능하고 많은 양의 개인 데이터를 아주 빠른 속도로 전송할 수 있는 지금의 현실은 과거와는 비교할 수 없을 정도로 강한 잠재적 중독성을 만들어내고 있다. 실리콘 밸리의 유명 투자가 폴 그레이엄의 주장처럼, 우리는 "강한 중독성을 가진 새로운 제품들에 대한 사회적 차원의 항체"를 개발할 시간이 없었다.[5] 또 그레이엄은 이렇게 말하며 사용자의 책임을 강조하기도 했다.

"새로운 중독 제품 하나하나에 탄광의 카나리아 신세가 되고 싶지 않으면 무엇을 어떤 식으로 피해야 하는지 우리 스스로 알아내야 한다. 그렇지 않으면 미래 세대가 반면교사로 삼을 불행한 사례로 남게 될 것이다."

그렇다면 조종 활동을 개발하는 사람들은 어떤가? 이렇게 습관을 형성하고 때로는 중독성까지 있는 첨단 기술 제품을 부추기는 기업들도 그 속을 들여다보면 옳고 그름을 분별할 줄 아는 윤리 의식의 소유자들로 이루어져 있지 않은가. 그들의 가족과 아이들 역시 언제든 조종 활동의 피해자가 될 수 있다. 그렇다면 우리의 사용자, 우리의 미래 세대, 우리 자신에 대해 우리 같은 그로스 해커growth hacker와 행동 설계자들이 함께 짊어져야 할 책임은 무엇인가?

개인이 사용하는 첨단 기기들의 파급력과 설득력이 점점 확대되면서 일부 전문가들은 윤리 행동 강령을 만들자고 제안하기도 했다.[6] 물론 다른 견해를 피력하는 사람들도 있다. 크리스 노더는 《사악한 디자인Evil by Design》에서 이렇게 주장했다.

"그것이 사람들에게 많은 이익이 되거나 설득 전략의 일환으로 자신을 속이는 것에 대해 사람들이 암묵적으로 동의한 경우라면 속여도 무방하다."[7]

내가 제안하는 것은 제품이 선적되거나 코드가 입력되기 훨씬 전에 기업가, 직원, 투자가가 사용할 수 있는 간단한 의사 결정 방

조종 매트릭스

사용자의 생활을 물질적으로 개선해준다	장사꾼	조력자
사용자의 생활을 개선해주지 못한다.	마약상	엔터테이너
	제품 개발자가 제품을 사용하지 않는다.	제품 개발자가 제품을 사용한다.

법이다. 지금부터 소개하는 조종 매트릭스Manipulation Matrix는 어떤 회사가 윤리적이고, 어떤 회사가 성공을 거둘 수 있는지를 알려주지는 않는다. 그리고 습관을 만드는 첨단 기술이 될 수 있는 것과 그렇지 않은 것을 알려주지도 않을 것이다. 이 조종 매트릭스가 제공하는 것은 '나는 내 제품의 사용자를 사로잡을 수 있는가?'가 아니라 '내가 이것을 시도해도 되는가?'라는 질문의 답이다.

조종 매트릭스를 사용하기 위해 제품 개발자는 먼저 두 가지 질문을 던져야 한다. 첫 번째는 '나라면 이 제품을 사용하겠는가?'이고, 두 번째는 '이 제품이 사용자의 생활을 물질적으로 개선해주는가?'이다.

이 표는 일회성 제품이 아닌 습관적으로 쓰이는 제품을 개발하는 것을 목표로 한다는 점을 명심하자. 그럼 조종 매트릭스의 사분면에 해당하는 개발자의 유형들을 하나하나 살펴보자.

개발자 유형 1. 조력자

당신 자신도 기꺼이 사용하고 사용자의 생활도 개선해줄 거라고 믿는 뭔가를 개발한다면 당신은 건전한 습관을 촉진하는 사람임에 틀림없다. 하지만 여기서 유의해야 할 것이 있다. 당신이 실제로 해당 제품이나 서비스를 사용하느냐는 오로지 당신 자신만이 결정할 수 있다는 것과 당신이 개발 중인 제품과 관련해서 '사용자의 생활을 물질적으로 개선한다'는 것이 실제로 무엇을 의미하는가 하는 점이다.

만약 이런 물음들을 스스로에게 던졌을 때 당혹스러워지거나 답변에 자꾸 단서를 달거나 합리화하려고 한다면 개발 활동을 당장 멈추길 바란다. 그런 활동은 이미 실패한 것이나 다름없다. 당신 스스로도 제품을 사용하고 싶은 마음이 들어야 하고, 제품이 사용자의 생활은 물론 당신 자신의 생활도 물질적으로 개선해준다는 확고한 믿음이 있어야 하기 때문이다.

한 가지 예외가 있다면 당신이 좀 더 어린 나이에 사용했을 때뿐이다. 교육 관련 서비스를 예로 들어보자. 지금은 그 서비스를 사용할 필요가 없다. 하지만 그리 멀지 않은 과거에는 분명 사용했을 것이다. 그런 과거의 자신으로부터 점점 멀어질수록 당신의 성공 가능성은 그만큼 낮아진다는 사실에 주목하라.

당신 이외의 누군가를 위해 습관을 개발할 때 당신이 해당 문제를 직접 경험해보지 않았다면 당신은 스스로를 '조력자'라고 여길 수 없다.

잭 해리먼은 웨스트버지니아의 조그만 농가에서 자랐다. 미국 해군사관학교를 졸업한 해리먼은 해병대에서 보병 및 특수작전팀 소대장으로 복무했고, 2003년에는 이라크 침공 작전에 참전해 총 알이 빗발치는 전장에서 병사들을 이끌었다. 2004년 아시아 지역에 거대한 쓰나미가 덮쳤을 때는 인도네시아와 스리랑카로 달려가 재난구조 활동을 펼치기도 했다.

해리먼은 해외에서 극도의 빈곤을 직접 목격한 일이 자신의 삶을 크게 바꾸었다고 말했다. 7년 반 동안 전시 근무를 하면서 그가 깨달은 사실은 미국인들에게 위해를 가하려는 테러리스트들을 총 만으로는 막을 수 없다는 것이었다. "사람이 극단적인 상황에 몰리면 극단적인 행동을 하게 된다"는 것이 그 이유였다. 군을 제대한 그는 누루인터내셔널Nuru International이라는 소셜 벤처회사를 설립했다. 이 회사의 사업 목표는 시골에 사는 사람들의 생활을 변화시켜 극도의 빈곤에서 탈출하도록 돕는 것이었다.

하지만 그 사람들과 함께 생활하기로 결심하기 전까지는 세계 극빈곤층의 삶을 정확히 어떻게 변화시켜야 할지 확신이 서지 않았다. 케냐로 이주한 그는 근대 농업의 기본 방식, 예를 들면 적절한 간격의 파종조차 제대로 이루어지지 않고 있는 현실을 목격했다. 그러나 해리먼은 농부들에게 단순히 새로운 행동을 가르치는 것만으로는 충분치 않다는 사실을 누구보다 잘 알고 있었다.

대신 어릴 적 시골에서 자란 자신의 경험과 농부들과의 생활을 바탕으로 해리먼은 그들을 가로막고 있는 장애물을 하나둘 찾아나갔다. 이윽고 농부들이 생산량을 늘리는 일에서 가장 큰 걸림돌은 품질 좋은 씨앗과 비료 구입에 필요한 재정을 마련할 방안이 부족한 데 있음을 깨닫게 되었다.

현재 누루인터내셔널은 케냐와 에티오피아의 농부들에게 필요한 지식을 전수하면서 끝없이 계속되는 빈곤에서 탈출하도록 돕고 있다. 그곳 농부들의 욕구를 충족시킬 해결책을 마련하려면 해리먼 자신이 직접 제품 사용자가 되는 것 말고는 달리 기댈 방법이 없었다.[8]

아프리카와 실리콘 밸리는 지리적으로 아주 멀리 떨어져 있지만 우리가 익히 아는 페이스북과 트위터 창업자의 성공담은 그들이 스스로를 조력자로 여기고 있음을 알게 해준다. 지금 이 순간에도 건전한 습관을 만들어 삶을 개선할 제품 개발에 여념이 없는 신생 기업들이 많다. 운동 습관, 일기 쓰기, 자세 교정 등 추구하는 목표는 달라도 각 회사를 이끄는 기업가들이 그들 자신의 욕구부터 충족시킬 수 있는 제품을 개발하려고 애쓰는 점은 똑같다.

그러나 아무리 좋은 의도로 시작했다고 해도 제품의 사용이 극단적 방향, 심지어 위해한 방향으로 나아간다면 어떨까? 습관을 만드는 차원을 뛰어넘어 사용자를 극도의 중독으로 몰아간다면?

무엇보다도 극심한 의존 증상을 보이는 사용자의 비율은 아주 미미하다는 사실을 인식할 필요가 있다. 업계 추정치에 따르면 슬롯머신처럼 중독성이 높은 기계에 병적으로 매달리는 사용자는 1퍼센트 정도에 불과하다.[9] 중독은 특별한 심리 상태의 사용자에게 두드러지게 나타나는 경향이 있다. 하지만 이들의 수치가 너무 미미해서 문제 삼을 필요가 없다고 무시한다면 기술 중독이 야기하는 정말 중요한 문제들을 놓칠 수 있다.

처음으로 기업들은 자신들의 제품을 지나치게 사용하는 사람들을 파악할 수 있는 데이터에 접근하게 되었다. 물론 데이터를 사용자에게 유익한 방향으로 사용할지, 돈벌이에 사용할지는 전적으로 기업의 책임에 달렸다. 사용자 습관을 만들어내는 첨단 기술을 개발하는 기업에게는 자사의 제품을 불건전한 방향으로 사용하는 사람들에게 그 사실을 알려주고 그들을 보호해야 할 도덕적 책임이 있다. 그리고 언젠가는 관련 법령도 만들어질 것이다. 잠재적 중독성을 가진 제품을 개발하는 기업은 중독자를 파악해서 그들을 도울 가이드라인을 반드시 제시해야 한다.

하지만 압도적 다수를 차지하는 사용자들에게는 특정 제품에 대한 중독이 그렇게 큰 문제가 되지 않을 것이다. 이 세상이 점점 잠재적 중독 사회로 변하고 있다고 해도 대다수 사람들은 자신의 행동을 스스로 통제하는 능력을 충분히 갖추고 있다.

조력자의 역할은 그들 자신도 사용하고 다른 사람들의 생활도 물질적으로 개선할 수 있는 제품을 개발하면서 기업의 도덕적 의무를 충실히 이행하는 것이다. 불건전한 중독 증상을 보이는 사용자를 돕는 적절한 가이드라인을 갖추고 있다면 조금도 양심에 가책을 느낄 필요가 없다. 마하트마 간디의 명언을 살짝 바꿔 표현하면, 조력자란 "그들이 이 세상에서 보고 싶어 하는 변화를 만들어내는" 사람이기 때문이다.

개발자 유형 2. 장사꾼

아주 이타적인 것 같지만 실제로는 그렇지 않은 개발자들이 있다. 사용자의 생활을 개선해줄 제품을 개발하겠다며 강한 포부를 밝히는 첨단 기술 디자이너들 중에는 계속 추궁하면 자신이 개발한 제품을 실제로는 사용할 생각이 없다고 솔직히 인정하는 사람이 많다. 아주 유익한 것인 양 큰소리치지만 실제로는 아무도 원치 않는 활동을 쓸모도 없는 배지나 포인트 같은 유인책을 이용해 게임처럼 포장한다.

고단함을 순식간에 즐거움으로 바꿔준다고 주장하는 다이어트 앱이나 기부 웹사이트 같은 것들도 모두 여기에 해당된다. 그러나 이런 '장사꾼' 유형의 가장 전형적인 사례를 우리는 광고에서 발견할 수 있다.

사실 기업들은 사용자가 좋아할 광고 캠페인을 벌인다고 믿는 경우가 많다. 그들은 자사의 동영상 광고가 사람들의 입소문을 통해 인기를 끌면 사람들이 자신들의 제품을 날마다 사용할 거라고 기대한다. 그러나 그들이 활동하는 '현실 왜곡의 무대'가 '나는 정말 이것이 유용하다고 생각하는가?'라는 중요한 질문을 가로막는다는 사실은 알아차리지 못한다.[10] 그들을 불편하게 하는 이런 물음에 대한 답은 대부분 '아니요'다. 그렇기 때문에 사용자가 유익한 광고로 여길 거라고 상상할 수 있을 때까지 자신들의 사고를 계속 왜곡한다.

사용자의 생활을 물질적으로 개선하는 일은 어렵다. 그리고 자신은 사용하지도 않을 제품으로 다른 사람들을 설득하는 일은 이

보다 더 어렵다. 제품은 물론 사용자와의 연결 고리가 전혀 없기 때문에 이런 유형의 개발자들은 아주 불리한 환경에서 작업을 할 수밖에 없다. 제품을 판매하는 것 자체는 도덕적으로 아무 문제가 없다. 다른 사람들의 문제를 해결해주겠다는 순수한 이타심에서 제품을 개발하는 많은 기업들이 실제로 그렇게 하고 있지 않은가. 문제는 당신이 눈곱만큼도 알지 못하는 사람들이 사용할 제품을 제대로 디자인할 수 있겠느냐 하는 것이다. 일반적으로 장사꾼 유형의 개발자들은 사용자가 정말 필요로 하는 제품을 개발하는 데 필요한 공감 능력과 통찰이 결여된 경우가 많다. 그래서 제품을 사용할 사람들을 제대로 파악하지 못해 시간만 낭비하다가 결국에는 실패하고 만다. 그리고 그런 제품은 출시된다 하더라도 아무도 유익하다고 여기지 않는다.

개발자 유형 3. 엔터테이너

때로는 그저 즐거움을 목표로 제품을 개발하는 사람도 있다. 잠재적 중독성을 가진 첨단 기술을 개발하면서 자기 자신이 사용할 생각이 있지만 양심상 다른 사람들의 생활을 개선한다고 주장할 수도 없는 뭔가를 만든다면 그 사람은 오락거리를 개발하는 것임에 틀림없다.

오락은 예술이고 그 자체로 중요한 의미가 있다. 예술은 즐거움을 제공하고 세상을 다른 각도에서 바라보게 해주며 그것을 인간이 처한 상황과 연결시킨다. 모두 중요하고 아주 오랜 세월 동안 인간이 추구해온 활동이다. 하지만 여기에는 조종 매트릭스를 활용하는 기업가, 직원, 투자자가 알아야 할 몇 가지 특성이 있다.

예술은 순간적인 것일 때가 많다. 그렇기 때문에 오락성에 초점을 맞춰 습관을 만들어내는 제품들은 사용자의 생활에서 빨리 사라지는 경향이 있다. 어떤 노래가 한동안 머릿속에서 떠나지 않다가도 다음 히트곡이 등장하면 재빨리 대체되어 추억 속으로 사라진다. 서점에서 인기를 끄는 베스트셀러도 마찬가지다. 그다음에 우리 뇌를 자극하는 흥미로운 책이 등장할 때까지만 잠시 붙들고 생각할 뿐이다. 앞서 이야기한 바 있는 팜빌, 앵그리버드 같은 게임도 처음에는 사용자를 몰두하게 하지만 팩맨, 슈퍼마리오 브로스처럼 한때 엄청난 중독성을 발휘했던 게임들과 마찬가지로 얼마후에는 게임 역사의 뒤안길로 사라질 운명이다.

오락은 히트 제품을 추구하는 사업이다. 사람들을 더욱더 갈망하게 하고 끊임없이 새로운 것에 굶주리게 하는 식으로 두뇌를 자극하는 것이다. 수명이 길지 않은 욕구들을 충족시켜줄 오락 제품을 개발하는 것은 멈추지 않고 작동하는 러닝머신 위를 달리는 것과 비슷하다. 끊임없이 변화하는 사용자들의 욕구를 계속 충족시켜야 한다는 뜻이다. 이때 사업을 지속시키는 원동력은 단순히 게임이나 노래, 책 같은 것이 아니다. 이런 사업의 수익은 히트 제품들이 인기를 끌 때 시장에 바로바로 내놓을 수 있고 동시에 열성팬들에게 새로운 제품을 계속 공급해줄 수 있는 효과적인 배급 시스템에서 나온다.

개발자 유형 4. 마약상

개발자가 사용자의 생활을 개선해줄 거라고 믿지도 않고 그 자신도 사용하지 않을 제품을 만드는 것을 우리는 이기적 돈벌이로 여긴다. 이 두 가지 점을 갖추지 못한 개발자들이 사용자를 유혹하는 이유는 오로지 돈을 벌기 위해서다. 돈을 갈취하는 것이나 다름없는 행동으로 사용자의 중독을 유도해 돈을 벌어들이는 제품이 있다. 돈이 있는 곳에는 항상 그것을 차지하려고 기를 쓰는 사람들이 존재하기 마련이다.

그런데 여기서 중요한 것은 당신이 바로 그런 사람에 해당하느냐 하는 것이다. 카지노와 마약상은 사용자에게 즐거운 시간을 제공한다. 그러나 아주 강하게 중독되면 더 이상의 즐거움은 느낄 수 없다.

이언 보고스트가 징가의 팜빌 프랜차이즈를 풍자해서 '카우 클리커Cow Clicker'라는 게임을 개발한 적이 있다. 페이스북에서 실행할 수 있는 이 게임 앱은 만족스러운 '음메' 소리를 듣기 위해 가상의 소를 계속해서 클릭하는 일 외에는 사용자에게 어떤 행동도 요구하지 않았다.[11] 보고스트는 동일한 게임 기술과 바이러스 해킹을 노골적으로 모방해서 팜빌을 마음껏 비꼬고 싶었던 것이다. 그는 사용자들이 이것을 분명하게 알아차리고 가소롭게 여길 거라고 생각했다. 그런데 예상과 달리 이 앱이 폭발적인 인기를 끌면서 심각할 정도로 게임에 중독되는 사용자들이 생겨나자 보고스트는 이 게임을 폐쇄해버렸다. 그러자 그 자신도 '소 대재앙'이라

고 부른 대혼란이 벌어졌다.[12]

잠재적 중독성을 가진 첨단 기술을 담배에 빗댄 보고스트의 비유는 아주 적절했다. 한때 대다수 미국 성인이 경험했던 끊임없는 흡연 욕구는 이제 이와 맞먹을 정도로 끊임없이 디지털 기기를 확인하려는 강박으로 바뀌었다. 그러나 니코틴 중독과 달리 새로운 첨단 기술들은 사용자의 생활이 극적으로 개선될 기회도 제공한다. 모든 첨단 기술이 그러하듯, 사용자 습관을 만드는 최근 디지털 기술의 혁신에는 긍정적 효과와 부정적 효과가 모두 내재되어 있다.

하지만 사람들의 생활은 물론 개발자 자신의 생활을 물질적으로 개선해줄 것이라고 떳떳하게 주장할 수 있고 양심에 조금도 거리낄 것이 없다면, 유일한 방안은 활동을 계속 밀어붙이는 것이다. 1퍼센트 정도의 중독 사용자들을 제외하면 자신의 행동에 대한 궁극적인 책임은 결국 사용자 개개인에게 있다.

첨단 기술의 진보는 이 세상을 점점 더 잠재적 중독 사회로 만들어가고 있다. 혁신가들은 자신의 역할을 진지하게 고민해볼 필요가 있다. 사회가 사람들의 새로운 습관을 통제할 수 있는 정신적 항체를 마련할 때까지 앞으로 몇 년, 아니 몇 세대가 걸릴지 모른다. 그러는 동안 수많은 행동이 해로운 부작용들을 낳을 수 있다. 아직 알려지지 않은 이런 결과들을 사용자 스스로 파악하는 법을 익히고, 제품 개발자들이 자신의 업무와 관련된 도덕적 신념의 파급 효과를 감수하는 일 외에는 현재로선 다른 뾰족한 해결책이 없다.

***

　내가 바라는 것이 있다면 혁신가들이 각자 개발하는 제품이 야기할 수 있는 결과를 예측하는 데 '조종 매트릭스'를 효과적으로 사용했으면 하는 것이다. 어쩌면 이 책을 읽은 후, 새로 사업을 시작하는 사람도 있고, 헌신할 만한 사명을 내건 회사에 입사하는 사람도 있을 것이다. 아니면 자신의 도덕적 신념과 부합하지 않는다는 사실을 깨닫고 직장을 그만두는 사람도 있을지 모르겠다.

기억하고 공유해야 할 사항

사용자 습관을 만들 첨단 제품 개발자들이 사용자를 조종하는 방법 뒤에 숨은 윤리적 문제를 이해하려면 자신의 활동이 어디에 해당하는지 판단할 수 있어야 한다. 당신은 조력자인가, 장사꾼인가, 엔터테이너인가, 마약상인가?

○ 조력자는 자신이 개발한 제품을 직접 사용하고 그것이 사용자의 삶을 물질적으로 개선해줄 거라고 믿는다. 이런 사람은 사용자의 욕구를 정확히 파악하고 있어서 성공 가능성이 아주 높다.

○ 장사꾼은 자신의 제품이 사용자의 삶을 물질적으로 개선할 거라고 생각하지만 자신이 직접 사용하지는 않는다. 이런 사람은 사용자를 제대로 이해하지 못한 상태에서 해결책을 제시하려다 자만심과 불확실성에 빠질 수 있음을 유의해야 한다.

○ 엔터테이너는 자신이 개발한 제품을 직접 사용하긴 하지만 그것이 사용자의 삶을 개선해줄 거라고 생각하지 않는다. 이런 사람은 성공 가능성은 높지만 어떤 식으로든 사람들의 삶을 개선해주지 않으면 성공을 유지하기가 어렵다.

○ 마약상은 자신의 제품을 사용하지도 않고 그것이 다른 사람들의 삶을 개선해줄 거라고 생각하지도 않는다. 이런 사람은 장기적인 성공 가능성이 아주 낮고 도덕적으로도 위태로운 상태일 때가 많다.

지금 해야 할 일

○ 당신이 조종 매트릭스의 4분면 중 어디에 해당하는지 한번
생각해보라. 당신은 자신이 개발한 제품이나 서비스를 사용
하는가? 당신의 제품은 사용자의 행동에 긍정적인 영향을
미치는가, 부정적인 영향을 미치는가? 당신은 자신의 제품
을 어떻게 생각하는가? 당신의 제품이 사람들의 행동에 영
향을 미치는 방식에 대해 스스로 자부심을 느끼는지 자문
해보라.

Part 7

유버전의 사례,
성경 읽기를 '습관'으로

앞 장에서 나는 당신에게 조력자가 되어야 하고 이 책에서 소개한 방법을 이용해 다른 사람들의 삶을 개선해야 한다고 강조했다. 그리고 당신이 하는 일이 당신 자신은 물론 다른 사람들에게도 의미 있는 것이어야 한다고 이야기했다. 이것은 단순히 도덕적 의무만이 아니라 바람직한 사업 방향이기도 하다.

높이 추앙받는 기업가들은 대부분 의미, 즉 더 큰 의미의 선을 추구한다. 이것은 그들이 계속 앞으로 나아갈 수 있는 원동력이기도 하다. 물론 원칙을 고수하는 일이 신생 기업에게는 힘들 수 있다. 그러나 포기하지 않고 끝까지 인내심을 발휘한다면 성공이라는 행운을 붙잡을 수 있다. 오로지 명성이나 재화만을 목표로 사업에 뛰어든다면 어느 쪽도 달성하기 어려울 것이다. 하지만 의미를 추구하는 회사는 분명 성공을 거둘 것이다.

혹 모델은 인간의 심리에 기초한 틀이자, 사용자 습관을 이끌어내 크나큰 성공을 거둔 기업들을 면밀히 고찰한 결과이기도 하다. 지금까지는 사람들이 특정 제품을 계속 사용하는 이유와 그 심리 작용, 혹 모델에 대해 살펴보았다. 그럼 이제부터는 전 세계적으로 높은 인기를 끌고 있는 앱에 이 모든 것이 어떻게 어우러져 있는지 하나하나 파헤쳐보고자 한다. 지금부터 소개하려는 기업의 사명에 당신이 동의하고 안 하고는 그리 중요한 문제가 아니다. 여기서 당신이 얻어야 할 진짜 중요한 교훈은 이 기업이 어떤 식으로 사용자 습관을 형성하는 동시에 설립자의 도덕적 소명도 계속 유지하고 있는가 하는 점이다.

1.3초마다 설치되는 성경 앱

스트립쇼를 하는 나이트클럽에 들어가지 못하도록 막을 수 있는 앱이 세상에 존재할까? 유명 온라인 성경 플랫폼 유버전YouVersion의 최고경영자 바비 그룬왈드는 자사의 첨단 기술 앱이 실제로 그런 일을 했다고 주장한다. 그룬왈드에 따르면 자사의 성경 앱 사용자가 외설스러운 장소에 들어가려는 순간, 마치 천국에서 보낸 것처럼 갑자기 성경 앱의 문자 메시지가 도착한다는 것이다.

"내가 스트립쇼 클럽에 들어가려고 할 때 성경 앱에서 내게 문자 메시지를 보냈다. 신이 내게 뭔가 말해주고 싶었던 것이다!"

그룬왈드는 사용자가 한 말을 그대로 들려주었다.

2013년 7월 유버전은 이 앱과 관련해서 기념비적인 수치를 발표했다. 어떤 첨단 기술 기업도 달성하지 못한 대기록이었다. 사람들이 '성경 앱'이라고 부르는 이 회사 앱의 휴대 기기 다운로드 건수는 1억 회를 넘었으며 그 수치는 계속 증가했다.[1] 그룬왈드는 1.3초마다 성경 앱이 새로 설치되고 있다고 말했다.

매초 평균 6만 6,000명가량의 사용자가 이 앱을 실행하고 있으며 주말이 되면 사용률은 더 높아진다. 일요일마다 전 세계 곳곳의 설교자들이 신도들에게 "성경책을 꺼내든가, 아니면 유버전 앱을 펼치십시오"라고 말하기 때문이다. 그리고 그럴 때마다 성경 앱의 이용자 수가 급증한다고 그룬왈드는 말했다.

종교 앱 시장은 경쟁이 아주 극심한 분야 중 하나다. 애플의 앱스토어에 들어가 '성경'이라는 검색어를 치면 5,185건의 결과가 뜬다. 그러나 그렇게 많은 앱 중에서 사람들은 유버전의 성경을 가장 많이 선택한다. 검색 결과 목록에서도 항상 가장 상단을 차지하는 유버전 앱은 평가자 수만도 64만 1,000명이 넘는다.

그렇다면 유버전은 어떻게 디지털 '성경' 시장을 장악하게 되었을까? 이 앱의 성공 이면에는 선교에 대한 열정 이상의 뭔가가 존재한다. 이 기업의 성공 신화는 첨단 기술이 사용자의 심리와 최근의 빅데이터 분석을 결합해서 사용자의 행동을 어떤 식으로 변화시키는지를 보여주는 훌륭한 사례로 꼽힌다.

업계 전문가들은 유버전의 성경 앱이 지닌 가치가 엄청나게 높다고 입을 모았다. 인스티튜셔널 벤처 파트너스의 무한책임 파트너 줄스 몰츠도 이렇게 말했다.

"이 정도 규모면 어림잡아도 회사 가치가 2억 달러 이상은 된다."

몰츠는 아마 알고 있었을 것이다. 그의 회사는 수익 제로 단계의 앱인 스냅챗에 투자한다고 발표하면서 이 기업의 가치를 800억 달러 정도로 추산했다.[2] 그는 수익을 내기 훨씬 이전부터 천문학적인 액수의 투자금을 끌어모았던 페이스북, 인스타그램, 트위터 같은 첨단 기술 기업의 사용자별 가치를 지적하면서 그 가격을 정당화했다. 그러면서 재빨리 덧붙였다.

"물론 유버전이 광고를 통해 수익을 창출할 수 있다고 가정했을 때 그렇다는 얘기다."

모바일용으로 접근성을 높이다

그룬왈드는 생각도 민첩하지만 말도 무척 빠른 사람이다. 나와 대화를 나누는 동안에는 실시간 통계치를 제시하면서 중요한 데이터가 화면에 나타날 때면 하던 말을 멈추었다. 그가 효과적인 모바일 앱 개발에 관해 장황한 설교를 늘어놓아서 나는 가끔씩 질문을 명확히 하려고 그의 말을 중단시켜야 했다. 그가 자신의 앱을 개발하면서 배운 내용들을 입증하는 동안 나는 그의 열정에 완전히 압도되어 말을 더듬거리기까지 했다. 사용자 유지 비율을 이야기할 때도 마치 성서를 선포하는 것 같은 느낌이 들 정도로 그는 아주 열의에 차 있었다.

"다른 기업들과 달리 우리는 처음부터 신학생들을 타깃으로 삼지 않았다. 일반인들이 날마다 사용하는 것을 목표로 잡았다."

그러면서 사람들이 습관적으로 성경을 읽도록 유도하는 일에 끝까지 초점을 맞춘 것이 주효했다고 강조했다. 유버전의 성공은 심리학 서적에서 흔히 볼 수 있는, 사용자 습관을 형성하는 일과 관련한 용어들로 세분화될 수 있다. '신호', '행동', 신과의 교감에서 오는 '보상' 같은 단어들이 주를 이루며 우리가 앞으로 논의할 내용도 바로 이런 것들이다.

"성경 공부의 길잡이가 되어준다는 것은 사실 새로운 개념은 아니다. 이 앱이 등장하기 오래전부터 사람들은 종이와 펜을 이용해 성경을 공부해왔다."

그룬왈드는 이렇게 말했다. 그러나 그의 성경 앱은 단순히 모바일 성경 공부의 길잡이가 아니라 그것을 훨씬 뛰어넘는 그 이상의 의미가 있음을 나는 금방 알아차릴 수 있었다.

사실 유버전이 처음에 선보인 것은 모바일용 앱이 아니었다.

"원래는 데스크톱 기반의 웹사이트로 출발했다. 그러나 그것은 사람들이 성경을 읽도록 유도하는 데 별로 효과적이지 않았다. 모바일 버전을 시도하고 나서야 우리 자신을 비롯해서 사람들이 가진 차이점을 알게 되었고, 사람들이 성경을 더 자주 들여다보도록 유도할 수 있었다. 항상 휴대하고 다니는 기기를 통해 언제든지 실행이 가능했기 때문이다."

이것은 결코 놀라운 사실이 아니다. 3장에서 설명한 포그 박사의 행동 모델에 따르면 어떤 행동이 일어나게 하려면 사용자에게 트리거가 나타나야 하고, 사용자가 그 행동을 하기에 충분한 동기와 능력을 갖추고 있어야 한다. 만약 트리거가 나타난 순간에 이 요소들 중 하나라도 빠지거나 부족하면 행동은 일어나지 않는다.

언제 어디에서나 사용할 수 있는 성경 앱의 특성 덕분에 그 전의 웹사이트 버전보다 성경에 대한 접근성이 대폭 향상되었다. 그렇기 때문에 목사의 설교 같은 트리거가 나타나거나 생활하면서 성경을 읽고 싶은 마음이 들 때마다 사람들은 쉽게 앱을 열어볼 수 있었다. 어딜 가든 항상 핸드폰을 들고 다녀서 유버전의 사용자들은 심지어 성스러움과 아주 거리가 먼 장소에서도 성경을 읽을 수 있게 되었다. 유버전이 조사한 바에 따르면 성경 앱의 사용자 가운데 18퍼센트가량은 욕실에서 성경을 읽는다고 한다.[3]

유버전이 사용자를 재빨리 사로잡는 방법

그룬왈드도 앱스토어가 처음으로 생긴 2008년, 자사의 성경 앱이 동종 업계의 선발주자로 많은 이점을 누렸다는 사실을 인정했다. 새로 탄생한 앱스토어의 이점을 활용하기 위해 그는 재빨리 자신의 사이트를 읽기 기능을 최적화한 모바일 앱으로 전환했다. 성경 앱의 출시는 시기적으로 더할 나위 없이 완벽했다. 그러나 얼마 안 가 경쟁 업체들이 우후죽순처럼 나타났다. 그의 앱이 시장을 장악하려면 사용자들을 재빨리 사로잡아야 했다.

그룬왈드는 자신이 한 가지 계획(실제로는 그 속에 수많은 계획이 있었다)을 실행에 옮긴 것이 바로 그때라고 말했다. 유버전 성경 앱의 특징은 400여 가지 독서 계획 중에서 사용자가 자신에게 맞는 것을 선택할 수 있다는 것이다. 음악 청취자들의 다양한 취향, 문제, 언어를 일일이 고려해서 맞춤화한 아이튠즈처럼 말이다. 개인적으로 성경에 관심이 있었고, 사용자 습관을 만드는 첨단 기술을 연구하던 터라 나도 성경 읽기를 시작해보기로 했다. 여러 계획들을 살펴본 결과 내게는 '중독'이라는 제목의 계획표가 가장 안성맞춤인 것 같았다.

이 읽기 계획표는 성경 읽기가 습관화되지 않은 사람들에게 체계와 길잡이를 제공해준다.

"사실 성경의 어떤 부분들은 계속 읽어가기가 어렵다. 하지만 성경의 여러 부분을 날마다 조금씩 읽게 하는 독서 계획은 독자가 중간에 성경 읽기를 포기하는 것을 막을 수 있다."

그룬왈드는 이렇게 말했다.

이 앱의 특징은 성경의 특정 부분을 뭉텅이로 덜어낸 다음 그것을 조금씩 세분화해서 적절히 배치하는 것이다. 쉽게 이해하고 교감할 만큼 소량씩 내용을 분석하는 방법으로 독자들이 눈앞의 조그만 활동에 집중하고 책 전체를 읽어야 한다는 부담감을 떨칠 수 있도록 했다.

성스러운 트리거

5년간의 테스트와 수정, 보완을 거친 결과, 그룬왈드와 그의 팀은 가장 효과적인 방법을 찾을 수 있었다. 그룬왈드는 오늘날 아주 완벽하게 조정된 이 성경 앱의 독서 계획에서 사용 빈도가 가장 중요한 요소임을 깨달았다.

"우리는 날마다 성경을 읽게 하는 데 항상 초점을 맞췄다. 우리의 독서 계획은 전반적으로 일상적인 읽기 활동에 집중되어 있다."

사용자가 날마다 앱에 들어오도록 유도하기 위해 그룬왈드는 효과적인 신호를 보내야 했다. 스트립쇼 클럽에 들어가려던 사람이 받았다는 문자 메시지 같은 것 말이다. 그러나 트리거가 가진 위력과 효과에 대해서는 자신도 우연히 알게 되었음을 인정했다.

"처음에는 사람들에게 확인 문자를 보내는 것에 대해 우리도 많이 우려했다. 사용자를 너무 귀찮게 하는 게 아닐까 걱정했다."

사용자가 십자가를 기꺼이 지려고 하는 마음이 어느 정도인지 테스트해보기 위해 그룬왈드는 한 가지 실험을 해보기로 결심했다.

"크리스마스를 맞아 사람들에게 앱 메시지를 보냈다. 그저 다양한 언어로 '메리 크리스마스'라고 적은 메시지였다."

이 실험을 맡았던 팀은 그런 메시지를 짜증스러워하는 사용자들로부터 엄청난 항의를 들을 것을 각오하고 있었다. 그룬왈드는 이렇게 말했다.

"사람들이 우리 앱을 삭제해버리지 않을까 걱정했다. 그런데 실제로 벌어진 상황은 정반대였다. 사람들은 자신의 핸드폰에 전달된 우리의 메시지를 사진으로 찍어 인스타그램, 트위터, 페이스북에 올리기 시작했다. 신이 자신에게 관심을 보이고 있다는 뜻으로 받아들인 것이다."

그룬왈드는 모든 독서 계획에서 가장 중요한 역할을 하는 것이 트리거라고 말했다.

나 자신의 성경 읽기 계획만 하더라도 날마다 핸드폰으로 알림 메시지가 날아온다. 일종의 점유 트리거다. 거기에는 간단히 이렇게 적혀 있다.

"당신의 중독형 독서 계획표를 확인하는 것을 잊지 마세요."

내가 현재 치료하려는 중독이 디지털 기기에 대한 의존증이라는 사실을 생각하면 참으로 아이러니가 아닐 수 없다. 하지만 뭐 어떤가? 이번만은 그냥 모른 척 넘어가기로 했다.

만약 내가 첫 번째 알림 메시지를 무시하거나 회피하면, 빨간색 배지가 달린 성경책 모양의 조그만 아이콘이 내 핸드폰으로 전송되면서 또다시 신호를 보내온다. 만약 계획 첫날 깜빡 잊고 제대로 실행하지 않으면, 좀 더 손쉬운 다른 독서 계획을 시도하라는 제안 메시지가 온다. 또한 이런 메시지는 이메일을 통해 받을 수도 있다. 실수로 며칠을 건너뛰면, 이메일을 보내 성경 읽기를 다시 시작하라고 알려준다.

이 성경 앱은 일종의 가상 신도들도 거느리고 있다. 해당 사이트의 회원들은 서로에게 격려 메시지를 보내면서 다양한 트리거를 전달하는 역할을 한다. 유버전의 한 홍보 관계자는 이렇게 말하기도 했다.

"회원들이 주고받는 이메일이 우리 앱을 열어보도록 유도하는 자극제가 된다."

이렇게 사람들과의 관계를 통해 형성된 외부 트리거들은 이 성경 앱 곳곳에 포진해서 사용자의 지속적인 참여를 유도하는 데 중요한 역할을 한다.

영리한 데이터 분석

그룬왈드와 그의 팀원들은 사용자가 원하는 것들을 좀 더 정확히 이해하기 위해 수백만 명의 사용자로부터 수집한 행동 데이터를 꼼꼼히 살피고 분류한다. "우리 시스템을 거치는 데이터가 아주 많다"고 그룬왈드는 말했다. 데이터 속에는 사용자를 계속 이 앱에 붙잡아둘 수 있는 아주 중요한 정보들이 들어 있다. 발견 목록의 상단에는 사용 편의의 중요성이 있다. 이 이야기는 우리 두 사람이 나눈 대화에도 계속 등장했다.

유버전은 초기 게슈탈트심리학자 커트 르윈Kurt Lewin을 비롯해 현대에 이르는 심리학자들의 연구 결과를 적극적으로 받아들인다. 그래서 이들은 의도한 행동을 좀 더 쉽게 할 수 있게 하면 그 행동이 더 빈번하게 일어난다는 생각을 고수한다.

이 앱은 성경을 읽는 불편함을 최소화하는 데 초점을 두고 디자인되었다. 예를 들어, 좀 더 쉽게 앱 사용 습관을 들이도록 읽는 것보다 듣는 것을 더 선호하는 사용자를 위해 오디오북 기능을 제공한다. 조그만 아이콘 하나만 건드리면 영화배우 찰턴 헤스턴이 드라마틱하고 박력 있는 목소리로 성경을 읽어준다.

그룬왈드는 수집한 데이터의 분석을 통해 흥미로운 내용을 앞

쪽에 두고 따분한 부분을 뒤에 배치하는 식으로 순서에 약간 변화를 가하면 성경 읽기를 완수할 확률이 높아지는 것을 발견했다. 그리고 매일 성경 읽기를 새로 시작하는 사람들의 독서 계획은 대부분 감화를 줄 간단한 영적 사고와 짧막한 구절로 이루어졌다. 성경 읽기 습관이 일상생활의 한 부분으로 자리 잡을 때까지 초보자에게는 날마다 몇 분간이라도 의례적으로 성경을 읽게 하는 것이 보다 효과적이기 때문이다.

신이 선물하는 보상

그룬왈드는 성경이 사람들에게 '책임감 있게 사용해야 한다'는 심오한 감정을 불러일으킨다고 말했다. 이 앱을 사용하는 것이 습관이 된 사용자들은 핸드폰에 알림 메시지가 올 때만이 아니라 무기력해지고 자신의 기분을 고양시켜줄 뭔가가 필요하다고 느낄 때마다 성경 앱을 열어본다. 그룬왈드는 말했다.

"신은 성경을 통해 인간에게 말을 건넨다. 그리고 사람들은 성경 구절을 읽을 때마다 그 속에서 자신이 겪는 삶이나 상황에 적용할 만한 지혜나 진리를 발견하게 된다."

무신론자들은 이것을 '주관적 평가'라고 부르고 심리학자들은 '포러 효과Forer Effect'(다수의 사람들이 보편적으로 가진 성격이나 특성을 자기만의 것으로 생각하는 심리적 경향을 말한다—옮긴이) 라고 부르지만, 신도들에게는 신과 주고받는 개인적 소통이다.

내가 이 성경 앱에 들어가면 '중독'이라는 주제에 맞춰 엄선된 구절들이 나를 기다리고 있다. 핸드폰 화면을 가볍게 두 번 두드리면 그때부터 데살로니가전서 5장 11절이 펼쳐진다. "당시의 형제들"을 격려하면서 그들에게 "정신을 똑바로 차리고 항상 깨어 있으라"고 간청하는 내용이다. 마음을 편안하게 해주는 말들이 이 앱에 있는 일종의 상(賞) 역할을 하면서 사용자의 기분을 흡족하게 해주는 것을 쉽게 알 수 있다.

그룬왈드는 이 성경 앱이 궁금증과 가변성도 제공한다고 말했다. 다음 날 자신이 어떤 구절을 받을지 궁금해서 자정이 넘도록 자지 않고 기다리는 여성도 있다고 한다. 미지의 세계(여기서는 사용자가 다음 날 받게 될 구절과 그것이 지닌 개인적 고통과의 연관성이다)가 성경 읽는 습관을 들이는 데 중요한 유인이 된다는 뜻이다.

나의 경우에는 할당된 성경 구절을 모두 읽고 나면 화면에 "오늘 임무 완수!"라는 만족스러운 확인 문구가 나타난다. 그리고 내가 읽은 구절 근처에 체크 표시가 되고 또 다른 부분이 내 읽기 계획표에 표시된다. 하루라도 건너뛰면 체크된 날들을 잇는 사슬이 끊어진다. 심리학자들이 '부여된 진행 효과'(비디오 게임 디자이너들이 게임을 하도록 부추길 때 사용하는 전략이기도 하다)라고 부르는 방법을 사용한 것이다.

하지만 성경 앱의 독서 계획이 습관 형성에 도움이 되는 것은 사실이지만 모든 사람에게 효과적인 것은 아니다. 실제로 앱을 다운로드했지만 유버전에는 계정을 등록하지 않은 사용자가 많다는 사실을 그룬왈드도 인정했다. 수백만 명의 사용자들은 어떤 독서 계획도 따르지 않고 그냥 종이 성경책의 대용품 정도로 성경 앱을 사용한다는 얘기다. 그러나 그룬왈드에게는 성경 앱을 이런 식으로 사용하는 것도 그리 나쁘지만은 않다. 유버전에 계정을 등록하지 않은 사용자도 자사의 앱 성장에 도움을 주기 때문이다. 실제로 SNS는 날마다 이 앱에서 가져온 20만 건의 콘텐츠로 항상 떠들썩하다.

이 앱이 이렇게 널리 퍼질 수 있었던 데는 앱의 첫 화면에 항상 새로운 성경 구절이 나타나 독자들을 반기는 점도 무시할 수 없다. 그 구절 아래의 커다란 파란색 버튼에는 이런 문구가 적혀 있다.

"오늘의 구절을 공유하세요."

클릭을 한 번 하면 그날그날의 성경 구절이 페이스북이나 트위터로 즉시 날아간다.

최근에 읽은 성경 내용의 유인 장치는 폭넓게 조사하지 못했지만 자신을 긍정적으로 드러낼 수 있다는 보상도 성경 앱의 인기에 한몫했을 것이다. 한마디로 '겸손한 척하면서 자랑할 수 있다'는 것이다.[4] "인간은 자신에 관한 정보를 노출시키는 데서 본질적 만족을 느낀다"라는 제목의 하버드 메타 분석을 통해서도 그런 행동이 '보상과 관련된 신경 및 인지 메커니즘에 관여한다'는 사실을 확인할 수 있다.[5] 한 연구 결과에 따르면 실제로 뭔가를 공유하면 기분이 아주 좋아져서 사람들은 돈을 포기하면서까지 자기 자신을 드러내는 활동에 적극적으로 매달리게 된다.

유버전의 성경 앱 안에서도 성경 구절을 공유할 기회는 많다. 그러나 이 기업의 가장 효과적인 유통 경로는 온라인 커뮤니티 활동이 아니라 일요일마다 교인들이 어깨를 나란히 맞대고 앉는 교회의 긴 의자라는 사실을 알아야 한다.

"교회에서 사람들이 성경 앱을 사용하면 주위 사람들이 이것저것 물어보기 때문에 자연스럽게 앱에 대해 서로 이야기를 나누게 된다"고 그룬왈드는 설명했다. 항상 일요일에 신규 다운로드 건수가 급증하는 것만 봐도 잘 알 수 있다. 이날에는 사람들이 앱에 관한 정보를 더 많이 공유하므로 입소문도 그만큼 더 많이 난다.

하지만 그룬왈드의 성경 앱이 시장을 지배하게 된 것은 몇몇 목사들이 성경 앱을 적극 활용하면서부터라는 사실을 아는 사람은 드물다. 종교 지도자들이 자신의 설교 내용을 이 앱에 입력하자 신도들은 더 이상 성경책을 뒤적일 필요 없이 실시간으로 찾을 수 있게 되었다. 교회의 리더들이 이 앱의 매력에 사로잡히자 신도들도 자연스럽게 그 뒤를 따른 것이다.

교회에서 성경 앱을 사용한 것은 이 기업의 성장에만 도움을 준 것이 아니다. 신도들의 신앙심 역시 더 깊어지게 했다. 성경 구절에 하이라이트 표시를 하고 의견을 덧붙이고 북마크를 만들고 앱의 내용을 다른 사이트에서 공유할 때마다 사용자는 이 앱에 시간과 노력을 투자하는 셈이다.

앞 장에서 설명한 댄 애리얼리, 마이클 노턴, 대니얼 모촌의 연구를 통해 우리는 '약간의 노력'이 제품의 가치 평가에 큰 영향을 미치는 것을 이미 확인한 바 있다. 이 이케아 효과는 노력과 가치 인식 간의 상관관계를 그대로 보여준다.

성경 앱에서 독자들의 작은 투자 활동이 더 많이 일어날수록

이 앱에는 사용자 개개인이 가진 숭배의 역사가 점점 더 많이 쌓여갈 것이다. 책장 모서리가 잔뜩 접혀 있고 여기저기 단상과 지혜가 잔뜩 적힌 책처럼, 사용자에게 이 앱은 이제 절대 삭제할 수 없는 소중한 자산이 된다. 독자들이 더 많이 사용할수록 이 앱은 그들에게 더 높은 가치를 갖는 소중한 보물이 될 것이다. 그리고 사용자가 이 앱에 입력하는 새로운 게시가 하나씩 늘어나고 유버전의 시장 지배가 더욱 탄탄해질수록 이들이 다른 경쟁 앱으로 옮겨갈 가능성은 그만큼 줄어들 것이다. 어쩌면 그런 행위를 신이 용납하지 않을 것이라고 생각할지도 모른다!

다른 기업들과 심각한 경쟁을 벌이지는 않지만 앱스토어 카테고리에서 최상위권을 차지하는 이 앱도 가끔은 흔들릴 때가 있다고 그룬왈드는 털어놓았다. 다운로드 수에서 대기록을 세운 후에도 그의 성경 앱은 다운로드 차트에서 계속 상위권을 차지할 것으로 보인다. 그러나 그룬왈드는 성경 앱의 도달 범위를 확대하고 그것이 습관으로 자리 잡을 가능성을 더 높일 새로운 방법을 모색하기 위해 방대한 양의 데이터를 꼼꼼히 살피는 활동을 앞으로도 계속 이어갈 계획이라고 밝혔다. 정기적으로 사용하는 수천만 명의 사람들에게 그룬왈드의 성경 앱은 하늘이 보내준 선물 그 자체다.

기억하고 공유해야 할 사항

○ 유버전의 성경은 데스크톱 기반의 웹사이트였을 때는 사용자 참여도가 아주 저조했다. 그러나 모바일 앱으로 전환해서 빈번하게 '트리거'를 제공할 수 있게 되자 사용자의 접근성과 참여도가 대폭 높아졌다.

○ 성경 앱은 첫 화면에 흥미로운 콘텐츠를 제공하고 눈 대신 귀로 들을 수 있는 오디오 기능을 추가하는 등 사용자의 '행동' 개시 능력을 크게 높여주었다.

○ 성경의 내용을 작은 문단 단위로 세분화하자 사용자가 날마다 조금씩 성경을 나눠 읽기가 훨씬 수월해졌다. 다음 날 받을 성경 구절에 대한 궁금증 유발은 '가변적 보상' 효과도 거두고 있다.

○ 사람들이 주석, 북마크, 하이라이트 기능을 사용하는 '투자' 활동을 할 때마다 그것은 앱의 데이터에 저장되고, 그 가치가 쌓일수록 사용자는 더 열심히 성경을 읽게 된다.

Part 8

당신의 제품이 습관이 될
기회를 포착하라

훅 모델을 충분히 이해했고 사용자 행동을 조종하는 일의 윤리적 측면도 살펴보았으므로 이제 본격적인 활동에 착수해보자. 훅 모델의 4단계를 거치면서 당신의 아이디어를 점검한다면 당신의 제품이 사용자 습관을 만들 가능성에서 잠재적 약점을 발견하는 데도 많은 도움이 될 것이다.

당신의 제품을 사용하는 사람들에게 나타나는 내부 트리거는 수시로 사용자 행동을 유도하는가? 사용자가 행동을 개시할 가능성이 아주 높은 순간에 외부 트리거가 나타나 사용자에게 적절히 신호를 보내는가? 당신의 제품은 사용자가 쉽게 행동을 취할 정도로 단순하게 디자인되었는가? 당신의 제품이 제공하는 보상은 사용자의 욕구를 충족시키는 동시에 더욱더 갈망하게 하는가? 사람들이 당신의 제품을 사용할 때마다 사용 경험을 향상시키는 가치를 저장하고 다음 트리거를 만나며 그 제품에 약간의 노력을 투자하는가?

당신이 개발하는 제품에서 부족한 부분이 무엇인지를 파악하고 나면 가장 문제가 되는 부분을 개선하는 일에 활동의 초점을 맞출 수 있다.

습관 테스트, 당신이 체크해야 할 것들

우선 앞에서 여러 장에 걸쳐 정리한 '지금 해야 할 일'을 그대로 따라 해보라. 그러면서 시제품을 만드는 데 필요한 정보를 충분히 확보해야 한다. 단순히 아이디어를 제시하는 것만으로는 충분치 않다. 실제로 사용자 습관을 개발하는 일은 말처럼 그렇게 쉽지 않다. 사용자 습관을 유도해 성공을 거두는 첨단 기술을 개발하려면 엄청난 끈기와 인내심이 필요한 법이다. 훅 모델은 사용자 습관을 형성할 가능성이 낮은 비효율적인 아이디어들을 걸러내는 것은 물론 기존 제품이 개선될 여지를 파악하는 데도 유용한 틀이 될 수 있다. 하지만 제품 디자이너가 이미 새로운 가정을 세워놓은 경우, 실제 사용자들을 상대로 테스트해보지 않으면 얼마나 효과를 거둘지 파악할 수 없다.

사용자 습관을 형성하는 제품을 개발하는 일은 반복의 과정이자 사용자 행동 분석과 지속적인 실험이 요구되는 활동이다. 당신의 제품이 사용자 습관을 형성하는 데 얼마나 효과적인지 측정하려면 이 책의 개념들을 어떤 식으로 실행에 옮기는 게 좋을까?

나는 사용자 습관을 만들어 큰 성공을 거둔 기업가들과의 논의와 여러 연구 조사들을 한데 모아 이 프로세스에서 불필요한 부분들을 제거한 후 '습관 테스트Habit Testing'라는 것을 만들어냈다. 이것은 린 스타트업Lean Startup(시제품을 빠르게 만들어 시장의 반응을 제품의 개선에 참고하는 전략이다—옮긴이)에서 주장하는 제조 → 측정 → 학습의 순환 과정에서 영감을 얻은 것이다. 습관 테스트는 사용자 습관을 만드는 제품을 디자인하는 데 필요한 데이터와 통찰을 제공한다. 당신의 제품을 열성적으로 사용하는 사람들은 어떤 사람들이고, 당신의 제품의 어떤 부분이 사용자 습관을 형성시키며, 제품의 그런 측면들이 사용자 습관을 왜 변화시키는지 잘 파악하게 될 것이다.

습관 테스트는 항상 실시간 이용하는 제품에만 적용 가능한 것은 아니지만 사람들이 당신의 제품을 어떻게 사용하는지 전반적으로 파악하지 못하면 명확한 결론을 도출해내기가 어렵다. 다음에 소개하는 활동들은 당신에게 제품과 사용자, 탐색해야 할 의미 있는 데이터가 존재한다는 가정에서 출발한다는 점을 명심하길 바란다.

Step 1. 파악하기

습관 테스트에서 가장 먼저 던져야 하는 질문은 '제품을 습관적으로 사용하는 사람은 누구인가?'이다. 제품을 많이 사용할수록 사용자 습관이 형성될 가능성이 높다는 사실을 항상 명심하길 바란다.

먼저 열성적인 사용자의 의미부터 규정할 필요가 있을 것 같다. 당신의 제품을 얼마나 '자주' 사용해야 열성적인 사용자라고 할 수 있을까? 이 질문의 대답은 아주 중요한 의미를 지니며 당신의 시각도 크게 바꿀 수 있다. 유사 제품이나 해결책에서 구할 수 있는 공개 데이터가 당신이 목표로 하는 사용자와 참여도를 정하는 일에 도움이 될지도 모르겠다. 만약 데이터를 구하기 힘들다면 이미 알고 있는 가설들을 이용하라. 그러나 아주 현실적이고 솔직하게 가설을 세워야 한다.

만약 트위터나 인스타그램 같은 SNS 앱을 개발 중이라면 사용자가 하루에도 여러 번 습관적으로 방문해주기를 기대해야 한다. 반면 로튼 토마토 Rotten Tomatoes 같은 영화 추천 사이트의 경우, 매주 한두 번 이상의 방문을 기대하는 것은 무리다. 왜냐하면 대부분 영화를 본 후 또는 볼 영화를 검색한 후에 사이트를 방문하게 되기 때문이다. 절대 기대치를 너무 높게 잡아서는 안 된다. 그런 건 특급 사용자들에게나 해당되는 얘기다. 일반 사용자들이 당신의 제품을 얼마나 자주 이용할지를 측정하려면 현실적인 추산이 이루어져야 한다.

사용자가 당신의 제품을 얼마나 자주 이용해야 하는지를 알아낸 다음에는 그 수치들을 분석해서 얼마나 많은 사용자들, 어떤 유형의 사용자들이 이 기준치에 도달할 수 있을지를 파악해야 한다.

Step 2. 표준화하기

다행히 습관적인 사용자의 기준에 부합하는 일부 사용자들을 파악했다고 치자. 그런데 도대체 사용자 수가 어느 정도여야 충분하다고 말할 수 있을까? 내 경험에 의하면 5퍼센트는 되어야 한다. 사업이 지속되려면 열성적인 사용자 비율이 이보다 훨씬 높아야 하겠지만 초기에는 이 정도면 적당하다.

하지만 당신의 예상과 달리 당신의 제품에 대한 사용 가치를 높게 평가하는 사용자의 비율이 5퍼센트도 안 된다면 문제일 수 있다. 당신이 사용자들을 잘못 파악했을 수도 있고, 어쩌면 모든 것을 원점에서 다시 시작해야 할지도 모른다. 그러나 5퍼센트라는 기준선을 넘었고 습관적인 사용자도 제대로 파악했다면, 다음 단계는 사용자들을 사로잡는 유인을 파악하기 위해 당신의 제품의 사용 단계들을 표준화하는 것이다.

물론 사용자마다 제품을 사용하는 방식이 약간씩 다를 수 있다. 표준화된 사용자 몰입 체계가 존재한다 하더라도 제품을 사용하는 방식은 사용자마다 독특한 특징이 있다. 사용자에 관한 배경 정보, 등록할 때 내리는 결정, 해당 서비스를 사용하는 친구 수는 식별 가능한 패턴을 만드는 몇 가지 행동에 불과하다. 어떤 유사점을 찾아내기 위해서는 관련 데이터를 꼼꼼히 살피면서 '습관으로 이어지는 패턴'을 찾아내야 한다. 가장 충실한 사용자들에게서 공통적으로 나타나는 일련의 유사 행동들을 찾으라는 얘기다.

한 예로 초창기 트위터는 신규 사용자가 팔로잉하는 회원 수가 30명에 이르면 사이트를 계속 이용할 가능성이 급증하는 티핑 포인트에 도달한다는 사실을 발견했다.[1]

헌신적인 사용자가 취하는 일련의 행동은 제품마다 다르게 나타난다. 습관으로 이어지는 패턴을 발견하는 활동은 헌신적인 사용자를 만드는 데 가장 중요한 역할을 하는 단계를 파악하는 것이 목표다. 그래야 그 행동을 더욱더 유도하는 방향으로 제품의 사용 경험을 수정할 수 있다.

Step 3. 수정하기

새로운 통찰을 충분히 얻었다면 이제는 당신의 제품을 다시 검토해서 헌신적인 사용자들에게서 발견한 습관 패턴을 신규 사용자들에게 적용할 방법을 찾아야 한다. 등록 절차의 간소화, 콘텐츠 변경, 기능 제거 또는 기존 기능 강조 등이 모두 여기에 해당할 수 있다. 트위터는 앞 단계에서 얻은 통찰을 이용해 등록 절차를 수정함으로써 신규 사용자가 즉시 다른 사람을 팔로잉하게 했다.

습관 테스트는 새로운 기능이 등장하고 제품이 수정될 때마다 계속 실행할 수 있는 프로세스다. 사용자들을 집단별로 계속 추적하고 그들의 활동을 습관적인 사용자들과 비교하는 일은 제품의 발전 및 개선의 방향을 잡는 데 길잡이가 되어줄 것이다.

사용자 습관을 만들 기회를 발견하라

습관 테스트의 프로세스가 제대로 작동하기 위해서는 제품 디자이너에게 테스트할 기존 제품이 있어야 한다. 그렇다면 새로운 첨단 해결책이 될 만한 잠재적 습관을 형성할 경험을 어디에서 찾아야 할까?

신제품 개발과 관련해서 보장해줄 것은 하나도 없다. 신생 기업들은 이 책에서 설명하는 것처럼 소비자의 참여를 이끌어낼 만한 제품의 개발은 물론 수익을 창출하고 증대시킬 방안도 스스로 찾아내야 한다. 이 책에서 고객 가치를 전달할 수 있는 사업 모델이나 수익을 창출시켜줄 고객 확보 방안까지는 다루지 않지만 두 가지 모두 사업의 성공에 꼭 필요한 요소들이다. 신생 기업이 성공을 거두려면 여러 가지 사항들이 제대로 이루어져야 하는데 사용자 습관을 형성하는 일은 그중 하나에 불과하다.

6장에서 이야기한 것처럼, '조력자'가 되는 것은 단순히 도덕적 의무가 아니라 좀 더 바람직한 사업 관행을 정착시키는 데도 필요한 일이다. 디자이너가 자신도 사용하고 사람들의 삶을 물질적으로 개선해줄 거라고 믿는 제품은 사람들이 원하는 것을 제공할 가능성이 높다. 그러므로 기업가나 디자이너가 새로운 기회를 찾기 위해 가장 먼저 눈을 돌려야 할 곳은 바로 거울 속이다. 폴 그레이엄도 기업가들에게 매력적인 사업 아이디어를 잠시 제쳐두고 그들 자신의 욕구를 충족시킬 수 있는 것부터 개발하라고 충고했다.

"내가 해결해야 할 문제가 무엇인지가 아니라 나를 위해 다른 누군가가 해결해주었으면 하는 문제가 무엇인지를 스스로에게 물어야 한다."[2]

제품 디자이너는 언제나 적어도 한 명의 사용자, 즉 자기 자신과 연결되어 있으므로 자신의 욕구를 살펴보는 일은 커다란 발견과 새로운 아이디어로 이어질 수 있다. SNS에 새로운 내용을 게재해주는 버퍼 Buffer 역시 창업자가 자신의 행동을 관찰해서 얻은 통찰과 영감을 바탕으로 설립된 회사다.

2010년 설립된 버퍼는 110만 명이 넘는 사용자를 보유한다.[3] 버퍼의 공동 설립자인 조엘 개스코니 Joel Gascoigne는 한 인터뷰에서 사업을 시작하게 된 계기를 이렇게 말한 적이 있다.[4]

"트위터를 1년 반 정도 사용하다가 버퍼의 사업 아이디어를 구상하게 되었다. 처음에는 내게 영감을 주는 블로그 게시물과 인용문의 링크 공유에서 출발했다. 그러다가 내 팔로워들이 이런 형태의 트윗을 아주 좋아한다는 사실을 알게 되었다. 내 트윗을 다른 사람들이 리트윗하거나 블로그에 게재한 내용에 대해 사람들과 유익한 대화를 나눌 기회가 많았다. 그러면서 이런 종류의 콘텐츠를 좀 더 빈번하게 공유해야겠다는 생각을 하게 되었다. 그런 대화 덕분에 나는 똑똑하고 흥미로운 몇몇 사람들과 계속 연락을 주고받을 수 있었다."

개스코니는 계속해서 이런 이야기를 들려주었다.

"그래서 보다 많은 블로그 글과 인용문을 공유하자는 목표로 하나하나 수작업을 했다. 얼마 안 가 미리 트윗 일정을 잡아놓으면 훨씬 효율적일 거라는 사실을 깨달았다. 그래서 트위터 고객 몇 사람의 도움을 받아 이 작업에 착수했다. 하지만 여기서 커다란 문제에 직면했다. 트윗 활동 각각에 대해 정확한 날짜와 시간을 정해야 했다. 사실 내가 원한 것은 '하루에 다섯 차례' 트윗을 보내는 것이었다. 나는 그저 내 트윗이 좀 더 많은 사람에게 전달되길 원했기 때문에 내가 날마다 읽은 내용을 모두 그들과 곧바로 공유하지는 않았다. 한동안은 내가 잡은 트윗 일정들을 기억하기 위해 메모장을 사용해야 했다. 그래야만 날마다 다섯 번씩 트윗을 보낼 수 있었기 때문이다. 그러나 생각보다 상당히 번거로운 일이었고, 그래서 나는 생각하게 되었다. '하루에 ○번'이라는 식으로 트윗 스케줄을 정하는 일을 좀 더 쉽게 하고 싶다고."

개스코니의 이야기는 우리는 자신의 가려운 부분을 긁어준 창업자의 전형을 나타낸다. 그는 기존의 해결책을 사용하면서 거기에서 제공하는 것과 자신이 필요로 하는 것이 서로 부합하지 않는다는 사실을 알게 되었다. 그는 자신이 사용하던 타사의 서비스에서 제거해도 무방한 단계들을 모두 파악한 후 자신이 원하는 작업을 좀 더 수월하게 진행하는 방법을 개발했다.

이렇듯 자신의 생활을 자세히 들여다보면 습관을 만드는 제품을 개발할 기회들을 많이 발견할 수 있다. 일상생활을 하면서 왜 어떤 것은 하고 어떤 것은 하지 않는지, 그리고 어떻게 하면 그 일을 좀 더 쉽게, 좀 더 만족스럽게 할 수 있을지 자문해보길 바란다.

자신의 행동을 자세히 관찰하다 보면 차후 습관을 만드는 제품을 개발하는 데 필요한 영감을 얻거나 기존 제품에 대한 획기적인 개선책을 발견하게 될지도 모른다. 이제부터 소개하는 내용에서도 또 다른 혁신 기회들을 많이 발견하게 될 것이다. 새로운 사용자 습관을 만들어 사업의 성공이라는 행운을 안겨줄 기존 행동을 찾아내는 데 이런 기회들을 지름길로 활용해보라.

수많은 혁신 제품들도 처음에는
별로라고 여겨졌다

틈새시장을 공략한 첨단 기술 중 일부는 주류에 편입되기도 한다. 처음에는 소수의 사용자층에서 시작한 행동들이 보다 넓은 층으로 확대되기도 하지만, 그것은 그 행동들이 광범위한 요구에 부합했을 때만 가능한 일이다. 하지만 그런 첨단 기술도 처음에는 소수의 사람들만 사용한다는 사실 때문에 사람들이 해당 제품이 지닌 진정한 잠재력을 제대로 발견하지 못할 때가 많다.

세상을 바꾼 수많은 혁신 제품들도 처음에는 상품화할 가능성이 낮은 경우가 많았다. 조지 이스트먼George Eastman이 개발한 브라우니 카메라가 대표적인 예다. 카메라 안에 이미 필름 한 통이 들어가 있고 가격도 1달러에 불과했던 이 제품은 처음에는 어린이 장난감으로 출시되었다.[5] 유명 스튜디오의 전문 사진사들은 이 카메라를 싸구려 장난감으로 취급했다.

전화의 발명 역시 처음에는 대단찮은 것으로 여겼다. 전화와 관련해서 영국 전화국의 최고 엔지니어 윌리엄 프리스 경이 이런 유명한 말을 남겼을 정도다.

"미국인들은 전화기가 필요할지 모르지만 우리는 아니다. 우리 영국에는 배달사환들이 아주 많기 때문이다."[6]

훗날 1차 세계대전이 발발했을 때 연합군 총사령관으로 임명된 페르디낭 포슈는 이렇게 말했다.

"비행기가 신기한 장난감인 건 맞지만 군사적 가치는 조금도 없는 물건이다."[7]

1957년 프렌티스 홀 출판사의 경영서 편집장은 출판사 사장에게 이렇게 주장했다.

"나는 이 나라 이곳저곳을 많이 여행하면서 뛰어난 사람들과 많은 이야기를 나누게 되었다. 그렇기 때문에 데이터 프로세싱이 올해도 가지 않아 사라질 유행에 불과할 수 있다고 자신 있게 말할 수 있다."

인터넷 자체는 말할 것도 없고 그 이후로 일어난 인터넷 관련 혁신 기술 역시 대중의 관심을 사로잡지 못한다며 계속 비난을 받아야 했다. 1995년 천문학자 클리포드 스톨은 〈뉴스위크〉에 "인터넷? 흥!"이라는 제목의 글을 쓰기도 했다. 이 글에서 그는 이렇게 단언했다

"어떤 온라인 데이터베이스도 우리가 매일같이 들여다보는 신문을 대신하지는 못할 것이다. 그건 변할 수 없는 진리다."

그러면서 이런 말도 덧붙였다.

"머지않아 인터넷으로 책과 신문을 직접 구매하게 될 것이다. 아마 그럴 것이다."[8]

그러나 오늘날 우리는 인터넷으로 책과 신문을 읽는 것을 아주 당연하게 여기고 있다. 새로운 첨단 기술이 등장하면 사람들은 냉소적으로 반응할 때가 많다. 오래된 습관은 잘 사라지지 않고 새로운 혁신 기술이 우리의 일상을 어떻게 변화시킬지 내다보는 사람은 드물기 때문이다. 하지만 기업가들과 제품 디자이너가 초창기에 그 활동을 재빨리 익히는 얼리 어댑터들을 자세히 들여다본다면,

대세가 될 만한 적당한 쓰임새를 발견할지도 모른다.

한 예로, 초창기 하버드 대학생들끼리만 사용했던 페이스북은 당시 모든 대학생에게 친숙한 오프라인 활동, 즉 학생들의 얼굴과 프로필이 인쇄된 책자를 열심히 들여다보던 활동을 모방한 서비스였다. 페이스북은 하버드에서 엄청난 인기를 얻자 다른 아이비리그 대학생들을 대상으로 했고, 그 후 미국 전역의 대학생들을 대상으로 서비스를 확대 실시했다. 그런 다음 고등학생, 몇몇 기업의 직원들로 범위를 확대했고, 마침내 2006년 9월 전 세계인을 상대로 서비스를 시작했다. 오늘날 페이스북은 세계적으로 수십억 명이 사용하고 있다. 초창기에 한 대학 캠퍼스에서 시작된 것이 '다른 사람들과 관계 맺기'라는 인간의 기본적 욕구를 충족시키는 전 지구적 현상으로 발전한 것이다.

이 책의 초반부에서 이야기한 것처럼 습관을 만드는 첨단 기술 중 상당수는 처음에는 '비타민' 같은 존재였다. 꼭 필요하지는 않지만 있으면 좋은 것이었다. 그러던 것이 차츰 사용자의 가려움이나 고통을 해결해주면서 반드시 있어야 하는 '진통제' 같은 존재로 발전했다. 항공기에서 에어비앤비에 이르기까지 수많은 획기적 첨단 기술 및 기업들도 처음에는 장난감이나 틈새시장 정도로 홀대받았다는 사실을 명심하길 바란다. 그러므로 얼리 어댑터들 사이에서 나타나는 초창기 활동들을 자세히 살펴본다면 가치가 높은 새로운 사업 기회들을 많이 포착할 수 있을 것이다.

기술에 기술이 더해지면

유망한 벤처 기업을 발굴해서 투자하는 실리콘 밸리의 '슈퍼 엔젤(한 기업에 대해 창업부터 성장 단계까지 지원 및 투자하는 방식)' 투자자 마이크 메이플스 주니어는 첨단 기술을 거대한 파도 서핑에 비유했다. 2012년 그는 자신의 블로그에 이렇게 썼다.

"내 경험에 의하면 우리는 10년 주기로 새롭고 거대한 첨단 기술의 파도를 목격하게 되는 것 같다. 내가 고등학교에 다닐 때는 PC혁명이 일어났고, 기업가로 활동할 때는 클라이언트 서버(중앙 서버로 연결된 여러 컴퓨터가 데이터를 공유하는 시스템이다—옮긴이) 의 파도가 끝나면서 인터넷이라는 새로운 파도가 몰려왔다. 지금은 SNS라는 파도가 대중화되는 시기에 있다. 나는 매번 이런 첨단 기술의 파도에 매료되었고, 그런 것들이 어떤 식으로 발전하고 어떤 패턴으로 나타날지 연구하는 데 많은 시간을 할애했다."

메이플스는 첨단 기술의 파도들이 세 단계를 거친다고 주장했다.

"처음에는 기반 기술에서 시작한다. 기반 기술에서 더 나아가면 거대한 파도를 한데 모아주는 예비 단계에 도달한다. 그런 파도들이 모이기 시작하면 구현되는 첨단 기술과 플랫폼들은 새로운 형태의 응용 기술들이 만들어질 토대를 마련해준다. 그렇게 한데 모인 파도가 거대한 파급력을 발휘하며 고객 채택으로 이어질 수 있는 것은 이런 응용 기술 덕분이다. 결국 파도들은 정점을 찍은 후 서서히 내리막을 걷게 되고 조금씩 모아지며 형태를 갖춰가는 다음 파도에 길을 내준다."[9]

기회의 창을 발견하고 싶은 기업가라면 메이플스가 비유적으로 표현한 이 말의 의미를 곰곰이 생각해볼 필요가 있다. 갑자기 새로운 첨단 기술이 나타나 어떤 행동을 보다 용이하게 만들어주면 항상 새로운 기회들이 덩달아 생기기 마련이다. 새로운 기반 기술의 탄생은 다른 행동을 더 간단하게 혹은 더 만족스럽게 만들어주는 의외의 방법들을 선보일 때가 많다.

한 예로, 인터넷의 탄생이 처음에 가능할 수 있었던 것은 냉전 기간에 미국 정부가 마련한 기반 시설 덕분이었다. 그 후 전화식 모뎀, 그다음에는 고속 인터넷 접속 같은 첨단 기술들이 인터넷망을 이용할 수 있게 해주었다. 그리고 마침내 응용 기술 층위라고 할 수 있는 HTML(웹 문서를 만들 때 사용하는 기본적인 웹 언어—옮긴이), 웹브라우저, 검색 엔진이 웹상에서 구현되었다. 이렇게 연속적으로 이어지는 각각의 단계에서 이전의 구현 기술들은 새로운 활동과 사업이 활발하게 일어날 토대를 제공했다.

새로운 첨단 기술을 통해 훅 모델의 순환이 좀 더 빠르고, 좀 더 빈번하고, 좀 더 만족스러운 방향으로 일어나고 있는 분야를 파악한다면 새로운 사용자 습관을 만드는 제품을 개발하는 일에 훌륭한 밑거름이 될 것이다.

인터페이스의 변화가 이끄는 세상

첨단 기술의 변화는 사용자를 사로잡을 새로운 기회를 제공할 때가 많다. 하지만 가끔은 첨단 기술의 변화가 필요치 않을 때도 있다. 새로운 사용자 습관을 만듦으로써 성공을 거둔 기업들은 대부분 사용자 간 상호작용의 변화가 어떤 식으로 새로운 일상을 창조해내는지 정확히 파악하고 있다.

인간과 첨단 기술 간의 상호작용 방식에 거대한 변화가 일어날 때마다 성공 가능성이 무르익은 기회들이 많이 등장한다. 인터페이스의 변화는 다양한 행동이 좀 더 쉽게 일어나는 환경을 만든다. 그러면 행동을 완수하는 데 필요한 물리적 노력이 줄어들면서 사용이 폭발적으로 늘어난다.

첨단 기술 사업 분야에서 이루어진 성공의 역사는 모두 인터페이스의 변화로 드러난 행동의 비밀들을 이용한 결과였다. 애플과 마이크로소프트는 투박한 단말기를 주류 소비자들이 이용할 수 있도록 그래픽 사용자 인터페이스로 전환해 성공을 거두었다. 구글은 검색 인터페이스를 단순화했는데 이는 광고가 잡다하고 사용하기가 복잡했던 야후, 라이코스 같은 경쟁 업체들의 인터페이스와 강렬한 대조를 이루었다. 페이스북과 트위터도 사용자 행동과 관련해서 새롭게 간파한 사실들을 이용해 온라인 상호작용이 간단하게 일어나도록 인터페이스를 수정했다. 이 각각의 사례에서 알 수 있듯이 새로운 인터페이스는 특정 행동을 보다 용이하게 하고 사용자의 행동에 관한 놀라운 사실들을 발견하게 해주었다.

이후에는 인스타그램과 핀터레스트가 인터페이스의 변화로 생겨나는 사용자 행동을 사업에 적극 활용했다. 이미지가 가득 들어찬 캔버스를 고안해낸 핀터레스트의 능력(당시 최첨단 기술을 이용한 인터페이스의 변화를 활용했다)은 온라인 카탈로그의 중독성에 대한 새로운 이해에서 나온 것이었다.

인스타그램의 경우에는 카메라가 스마트폰 속으로 들어간 것이 인터페이스의 변화였다. 인스타그램은 자사의 저차원적 기술의 필터들이 상대적으로 수준이 낮은 스마트폰 사진들을 아주 근사하게 만든다는 사실을 발견했다. 갑자기 핸드폰으로 멋진 사진을 찍는 것이 쉬워지자 인스타그램은 자신들이 새롭게 간파한 사실을 광적으로 사진을 찍는 사용자들을 유인하는 데 적극 활용했다.

핀터레스트와 인스타그램 모두 소규모 팀들이 거대한 가치를 창출한 사례다. 그들이 착안한 방법은 어려운 기술적 난관들을 해결하는 것이 아니라 상호작용의 보편적 문제들을 해결하는 것이었다. 또한 태블릿PC 등 휴대 기기의 인기가 급상승하면서 인터페이스 변화에 새로운 혁신이 일어났고, 휴대 기기 사용자들의 욕구 및 행동에 맞춰 디자인된 신제품과 서비스들이 봇물처럼 터져 나오기 시작했다.

와이콤비네이터Y-Combinator의 파트너 폴 부크하이트는 인터페이스의 변화를 찾고자 하는 기업가들에게 이런 조언을 했다.

"미래를 살아라."[10]

앞으로 미래에는 인터페이스의 변화가 더욱 풍성해질 것이다. 안경, 시계 등으로 착용 가능한 첨단 기기들이 온라인 및 오프라인 세계에서 사용자 간 상호작용 방식의 변화를 약속하고 있다. 진취적인 디자이너라면 인터페이스의 변화가 일어날 부분을 미리 내다보며 사용자 습관을 만들어낼 새로운 방법들을 찾아낼 것이다.

기억하고 공유해야 할 사항

○ 훅 모델은 제품 디자이너가 사용자 습관을 만드는 첨단 기술을 목표로 시제품을 만들 수 있도록 돕는다. 또한 기존 제품이 습관을 형성할 가능성 속에서 잠재적인 약점을 밝혀내는 일에도 효과적이다.

○ 제품이 개발되었다면 '습관 테스트'를 해서 열성적인 사용자를 파악하고, 제품의 어떤 요소가 습관을 만들고, 그 요소들이 사용자 행동을 왜 변화시키는지를 알아내야 한다. 습관 테스트는 파악하기, 표준화하기, 수정하기라는 3단계로 진행된다.

○ 가장 먼저 사람들이 어떻게 행동하고, 제품을 어떤 식으로 사용하는지를 파악하기 위해서는 관련 데이터를 철저히 분석해야 한다.

○ 그다음 습관적인 사용자를 찾아내기 위해 분석 결과를 표준화해야 한다. 새로운 가설을 세우려면 열성적인 사용자가 취하는 행동과 과정을 유심히 살펴보아야 한다.

○ 마지막으로 습관적인 사용자가 거친 과정을 보다 많은 사람이 그대로 따를 수 있도록 제품을 수정하고, 그 결과를 평가하고, 필요할 때마다 계속 변경해 나가야 한다.

○ 자신의 행동을 자세히 관찰하는 활동이 새로운 통찰과 원하는 제품의 개발로 이어질 수 있다.

○ 새로운 첨단 기술을 통해 훅 모델이 보다 빠르고 빈번하고

만족스러운 방향으로 순환되고 있는 분야를 파악하면 사용자 습관을 만드는 제품을 개발하는 데 훌륭한 밑거름이 될 수 있다.

○ 사용자의 초창기 행동은 처음에는 소수의 사람에게만 국한된다. 그러나 그 새로운 행동은 나중에 일반 대중의 욕구까지 충족시켜주는 행동으로, 향후 획기적인 습관이 형성될 기회를 선사하기도 한다.

○ 새로운 인터페이스는 혁신적인 행동 변화와 사업의 기회로 이어진다.

지금 해야 할 일

5장에서 작성한 답변을 참고해서 다음 활동을 실시해보라.

○ 습관 테스트를 실시해서 장기적인 참여를 위해 사용자가 거쳐야 하는 단계들을 알아내라.

○ 일주일 동안 일상적으로 사용하는 제품들에 대해 당신이 취하는 행동, 느끼는 감정을 주의 깊게 관찰하라. 그런 다음 스스로에게 다음과 같은 질문들을 던져보라.

　– 이 제품들을 사용하도록 유도한 요인은 무엇인가? 나의 이런 행동이나 감정을 촉발한 것은 내부 트리거인가, 외부 트리거인가?

　– 나는 현재 이 제품들을 제품 디자이너의 의도대로 사용하고 있는가?

　– 이 제품들은 사용자 습관을 만드는 과정을 어떤 식으로 개

선했고, 추가적인 외부 트리거를 통해 어떤 식으로 사용자의 재참여를 유도했으며, 사용자의 투자를 어떤 식으로 촉진했는가?

○ 당신과 아무 관련이 없는 세 사람과 이야기를 나누면서 그들의 핸드폰 첫 화면에 어떤 앱이 설치되어 있는지 알아내라. 그들에게 평상시처럼 그 앱을 사용해달라고 요청한 후 어떤 불필요한 행동이나 초창기 행동이 일어나는지 살펴보라.

참고 문헌

들어가며

1. "IDC-Facebook Always Connected.pdf," File Shared from Box (accessed Dec. 19, 2013), https://fb-public.app.box.com/s/3iq5x6uwnqtq7ki4q8wk.

2. "Survey Finds One-Third of Americans More Willing to Give Up Sex Than Their Mobile Phones," TeleNav (accessed Dec. 19, 2013), http://www.telenav.com/about/pr- summer-travel/report-20110803.html.

3. Antti Oulasvirta, Tye Rattenbury, Lingyi Ma, and Eeva Raita, "Habits Make Smartphone Use More Pervasive," *Personal and Ubiquitous Computing* 16, no. 1 (Jan. 2012): 105–14, doi:10.1007/s00779-011-0412-2.

4. Dusan Belic, "Tomi Ahonen: Average Users Looks at Their Phone 150 Times a Day!" *IntoMobile* (accessed Dec. 19, 2013), http://www.intomobile.com/2012/02/09/tomi- ahonen- average-users-looks-their-phone-150-times-day.

5. E. Morsella, J. A. Bargh, P. M. Gollwitzer, eds., *Oxford Handbook of Human Action* (New York: Oxford University Press, 2008).

6. 나는 이 책에서 '습관을 만드는 것'이란 저절로 하게 될 때까지 반복

을 통해 새로운 행동을 익히는 과정이라고 정의했다. 습관의 범위를 지적해준 스티븐 웬델 박사께 감사드린다. 기타 자동적인 행동에 관한 기본 설명은 다음을 참조하길 바란다. John A. Bargh, "The Four Horsemen of Automaticity: Awareness, Intention, Efficiency, and Control in Social Cognition." *Handbook of Social Cognition,* vol. 1: *Basic Processes*; vol. 2: *Applications* (2nd ed.), eds. R. S. Wyer and T. K. Srull (Hillsdale, NJ: Lawrence Erlbaum Associates, Inc., 1994), 1–40.

7. Bas Verplanken and Wendy Wood, "Interventions to Break and Create Consumer Habits," *Journal of Public Policy & Marketing* 25, no. 1 (March 2006): 90–103, doi:10.1509/jppm.25.1.90.

8. W. Wood and D. T. Neal, "A New Look at Habits and the Habit-Goal Interface," *Psychological Review* 114, no. 4 (2007): 843–63.

9. "Pinterest," Crunchbase, June 25, 2014. http://www.crunchbase.com/organization/pinterest.

10. "What Causes Behavior Change?" B. J. Fogg's Behavior Model (accessed Nov. 12, 2013), http://www.behaviormodel.org.

11. "Robert Sapolsky: Are Humans Just Another Primate?" FORA.tv (accessed Dec. 19, 2013), http://fora.tv/2011/02/15/Robert_Sapolsky_Are_Humans_Just_Another_Primate.

12. Damien Brevers and Xavier Noël, "Pathological Gambling and the Loss of Willpower: A Neurocognitive Perspective," *Socioaffective Neuroscience & Psychology* 3, no. 2 (Sept. 2013), doi:10.3402/snp.v3i0.21592.

13. Paul Graham, "The Acceleration of Addictiveness," (accessed Nov. 12,

2013), http://www.paulgraham.com/addiction.html.

14. *Night of the Living Dead,* IMDb, (accessed June 25, 2014), http://www. imdb.com/title/tt0063350.

15. Richard H. Thaler, Cass R. Sunstein, and John P. Balz, "Choice Architecture" (SSRN Scholarly Paper, Rochester, NY), *Social Science Research Network* (April 2, 2010), http://papers.ssrn.com/ abstract=1583509.

Part 1

1. Wendy Wood, Jeffrey M. Quinn, and Deborah A. Kashy, "Habits in Everyday Life: Thought, Emotion, and Action," *Journal of Personality and Social Psychology* 83, no. 6 (Dec. 2002): 1281–97.

2. Henry H. and Barbara J. Knowlton, "The Role of the Basal Ganglia in Habit Formation," *Nature Reviews Neuroscience* 7, no. 6 (June 2006): 464–76, doi:10.1038/nrn1919.

3. A. Dickinson and B. Balleine, "The Role of Learning in the Operation of Motivational Systems," in C. R. Gallistel (ed.), *Stevens' Handbook of Experimental Psychology: Learning, Motivation, and Emotion* (New York: Wiley and Sons, 2002), 497–534.

4. "Notes from 2005 Berkshire Hathaway Annual Meeting," Tilson Funds (accessed Nov. 12, 2013), http://www.tilsonfunds.com/brkmtg05notes. pdf.

5. "Charlie Munger: Turning $2 Million Into $2 Trillion," Mungerisms (accessed Nov. 12, 2013), http://mungerisms.blogspot.com/2010/04/charlie-munger-turning-2- million-into-2.html.

6. "Candy Crush: So Popular It's Killing King's IPO?" *Yahoo Finance* (accessed Dec. 16, 2013), http://finance.yahoo.com/blogs/the- exchange/candy-crush-so-popular-it-s- smashing-interest-in-an- ipo-160523940.html.

7. Stephen Shankland "Evernote: 'The Longer You Use It, the More Likely You Are to Pay,'" CNET (accessed Nov. 12, 2013), http://news.cnet.com/8301- 30685_3- 57339139- 264/evernote-the-longer-you-use-it- the-more-likely-you-are-to-pay.

8. David H. Freedman, "Evernote: 2011 Company of the Year," Inc. (accessed Nov. 14, 2013), http://www.inc.com/magazine/201112/evernote-2011-company-of- the-year.html.

9. David Skok, "Lessons Learned—Viral Marketing," *For Entrepreneurs* (accessed Nov. 12, 2013), http://www.forentrepreneurs.com/lessons-learnt-viral-marketing.

10. John T. Gourville, "Eager Sellers and Stony Buyers: Understanding the Psychology of New-Product Adoption," *Harvard Business Review* (accessed Nov, 12, 2013), http://hbr.org/product/eager- sellers- and- stony- buyers-understanding- the-p/an/R0606F-PDF-ENG.

11. Cecil Adams, "Was the QWERTY Keyboard Purposely Designed to Slow Typists?," *Straight Dope* (Oct. 30, 1981), http://www.straightdope.com/columns/read/221/was- the- qwerty-keyboard-purposely-designed-to-slow-typists.

12. Mark E. Bouton, "Context and Behavioral Processes in Extinction," *Learning & Memory* 11, no. 5 (Sept. 2004): 485–94, doi:10.1101/lm.78804.

13. Ari P. Kirshenbaum, Darlene M. Olsen, and Warren K. Bickel, "A Quantitative Review of the Ubiquitous Relapse Curve," *Journal of Substance Abuse Treatment* 36, no. 1 (Jan. 2009): 8–17, doi:10.1016/j.jsat.2008.04.001.

14. Robert W. Jeffery, Leonard H. Epstein, G. Terrence Wilson, Adam Drewnowski, Albert J. Stunkard, and Rena R. Wing, "Long-term Maintenance of Weight Loss: Current Status," *Health Psychology* 19, no. 1, (2000): 5–16, doi:10.1037/0278-6133.19.Suppl1.5.

15. Charles Duhigg, *The Power of Habit: Why We Do What We Do in Life and Business* (New York: Random House, 2012), 20.

16. G. Judah, B. Gardner, and R. Aunger, "Forming a Flossing Habit: An Exploratory Study of the Psychological Determinants of Habit Formation," *British Journal of Health Psychology* 18 (2013): 338–53.

17. Matt Wallaert, "Bing Your Brain: Test, Then Test Again," *Bing Blogs* (accessed Dec. 16, 2013), http://www.bing.com/blogs/site_blogs/b/search/archive/2013/02/06/bing- your- brain-test-then-test-again.aspx.

18. "comScore Releases September 2013 U.S. Search Engine Rankings." comScore, Inc. (accessed Nov. 12, 2013), http://www.comscore.com/Insights/Press_Releases/2013/10/comScore_Releases_September_2013_US_Search_Engine_Rankings.

19. Amazon Product Ads, Amazon.com (accessed Nov. 12, 2013), http://services.amazon.com/content/product- ads-on-amazon.htm/ref=as_left_pads_apa1#!how-it-works.

20. Valerie Trifts and Gerald Häubl, "Information Availability and Consumer Preference: Can Online Retailers Benefit from Providing Access to Competitor Price Information?," *Journal of Consumer Psychology* 2003, 149–59.

21. Nick Wingfield, "More Retailers at Risk of Amazon 'Showrooming,'" *Bits blog* (accessed Dec. 16, 2013), http://bits.blogs.nytimes.com/2013/02/27/more- retailers-at-risk-of- amazon-showrooming/.

22. Brad Stone, *The Everything Store: Jeff Bezos and the Age of Amazon* (Boston: Little, Brown and Company, 2013).

23. Phillipa Lally, Cornelia H. M. van Jaarsveld, Henry W. W. Potts, and Jane Wardle, "How Are Habits Formed: Modelling Habit Formation in the Real World," *European Journal of Social Psychology* 40, no. 6 (2010): 998–1009, doi:10.1002/ejsp.674.

24. Paul A. Offit, "Don't Take Your Vitamins," *New York Times* (June 8, 2013), http://www.nytimes.com/2013/06/09/opinion/sunday/dont-take-your-vitamins.html.

Part 2

1. Accessed Nov. 12, 2013, http://instagram.com/press.

2. Somini Perlroth, Nicole Sengupta, and Jenna Wortham, "Instagram Founders Were Helped by Bay Area Connections," *New York Times* (April 13, 2012), http://www.nytimes.com/2012/04/14/technology/instagram-founders-were- helped-by-bay- area-connections.html.

3. "Twitter 'Tried to Buy Instagram before Facebook.'" *Telegraph* (April 16, 2012), http://www.telegraph.co.uk/technology/twitter/9206312/Twitter-tried-to- buy- Instagram- before- Facebook.html.

4. Barry Schwartz, *The Paradox of Choice* (New York: Ecco, 2004).

5. Blake Masters, "Peter Thiel's CS183: Startup—Class 2 Notes Essay," *Blake Masters* (April 6, 2012), http://blakemasters.com/post/20582845717/peter-thiels-cs183-startup-class-2- notes-essay.

6. R. Kotikalapudi, S. Chellappan, F. Montgomery, D. Wunsch, and K. Lutzen, "Associating Internet Usage with Depressive Behavior Among College Students," *IEEE Technology and Society Magazine* 31, no. 4 (2012): 73–80, doi:10.1109/MTS.2012.2225462.

7. Sriram Chellappan and Raghavendra Kotikalapudi, "How Depressed People Use the Internet," *New York Times* (June 15, 2012), http://www.nytimes.com/2012/06/17/opinion/sunday/how-depressed-people-use-the-internet.html.

8. Ryan Tate, "Twitter Founder Reveals Secret Formula for Getting Rich Online," *Wired* (accessed Nov. 12, 2013), http://www.wired.com/business/2013/09/ev- williams-xoxo.

9. Erika Hall, "How the 'Failure' Culture of Startups Is Killing Innovation,"

Wired (accessed Nov. 12, 2013), http://www.wired.com/opinion/2013/09/why-do- research- when- you- can- fail-fast-pivot-and-act-out-other-popular-startup-cliches.

10. "The Power of User Narratives: Jack Dorsey (Square)," video, Entrepreneurial Thought Leaders Lecture (Stanford University, 2011), http://ecorner.stanford.edu/authorMaterialInfo.html?mid=2644.

11. Eric Ries, "What Is Customer Development?," *Startup Lessons Learned* (accessed Nov. 12, 2013), http://www.startuplessonslearned.com/2008/11/what-is- customer- development.html.

12. Rich Crandall, "Empathy Map," the K12 Lab Wiki (accessed Nov. 12, 2013), https://dschool.stanford.edu/groups/k12/wiki/3d994/Empathy_Map.html.

13. Taiichi Ohno, *Toyota Production System: Beyond Large-scale Production* (Portland, Or: Productivity Press, 1988).

14. 사회적 소속감의 욕구에 대해 더 자세히 알고 싶다면 이 책을 참고하길 바란다. Susan T. Fiske, *Social Beings: A Core Motives Approach to Social Psychology* (Hoboken: Wiley, 2010).

Part 3

1. "What Causes Behavior Change?," B. J. Fogg's Behavior Model (accessed Nov. 12, 2013), http://behaviormodel.org.

2. Edward L. Deci and Richard M. Ryan, "Self-determination Theory:

A Macrotheory of Human Motivation, Development, and Health," *Canadian Psychology/Psychologie Canadienne* 49, no. 3 (2008): 182–85, doi:10.1037/a0012801.

3. Barack Obama "Hope" poster, Wikipedia, the Free Encyclopedia, November 5, 2013, http://en.wikipedia.org/w/index.php?title=Barack_Obama_%22Hope%22_poster&oldid=579742540.

4. Denis J. Hauptly, *Something Really New: Three Simple Steps to Creating Truly Innovative Products* (New York: AMACOM, 2007).

5. Ingrid Lunden, "Analyst: Twitter Passed 500M Users in June 2012, 140M of Them in US; Jakarta 'Biggest Tweeting' City," *TechCrunch* (accessed Nov. 12, 2013), http://techcrunch.com/2012/07/30/analyst- twitter-passed- 500m- users-in- june- 2012-140m-of-them-in-us- jakarta-biggest-tweeting-city.

6. "What Causes Behavior Change?," B. J. Fogg's Behavior Model (accessed Nov. 12, 2013), http://www.behaviormodel.org.

7. Leena Rao, "Twitter Seeing 90 Million Tweets Per Day, 25 Percent Contain Links," *TechCrunch* (accessed Nov. 12, 2013), http://techcrunch.com/2010/09/14/twitter- seeing-90- million-tweets-per-day.

8. Stephen Worchel, Jerry Lee, and Akanbi Adewole, "Effects of Supply and Demand on Ratings of Object Value," *Journal of Personality and Social Psychology* 32, no. 5 (1975): 906–14, doi:10.1037/0022-3514.32.5.906.

9. Gene Weingarten, "Pearls Before Breakfast," *Washington Post* (April 8, 2007), http://www.washingtonpost.com/wp-dyn/content/

article/2007/04/04/AR2007040401721.html.

10. Hilke Plassmann, John O'Doherty, Baba Shiv, and Antonio Rangel, "Marketing Actions Can Modulate Neural Representations of Experienced Pleasantness," *Proceedings of the National Academy of Sciences* 105, no. 3 (Jan. 2008): 1050–54, doi:10.1073/pnas.0706929105.

11. Joseph Nunes and Xavier Dreze, "The Endowed Progress Effect: How Artificial Advancement Increases Effort" (SSRN Scholarly Paper, Rochester, New York), *Social Science Research Network* (accessed Nov. 12, 2013), http://papers.ssrn.com/abstract=991962.

12. "List of Cognitive Biases," Wikipedia, the Free Encyclopedia (accessed November 12, 2013), http://en.wikipedia.org/wiki/List_of_cognitive_biases.

13. Stephen P. Anderson, *Seductive Interaction Design: Creating Playful, Fun, and Effective User Experiences* (Berkeley: New Riders, 2011).

Part 4

1. J. Olds and P. Milner, "Positive reinforcement produced by electrical stimulation of the septal area and other regions of rat brain," *Journal of Comparative and Physiological Psychology* 47 (1954), 419–27.

2. Brian Knutson, G. Elliott Wimmer, Camelia M. Kuhnen, and Piotr Winkielman, "Nucleus Accumbens Activation Mediates the Influence of Reward Cues on Financial Risk Taking," *Neuroreport* 19, no. 5 (March

2008): 509–13, doi:10.1097/WNR.0b013e3282f85c01.

3. V. S. Ramachandran, *A Brief Tour of Human Consciousness: From Impostor Poodles to Purple Numbers* (New York: Pi Press, 2004).

4. Mathias Pessiglione, Ben Seymour, Guillaume Flandin, Raymond J. Dolan, and Chris D. Frith, "Dopamine-Dependent Prediction Errors Underpin Reward-Seeking Behaviour in Humans," *Nature* 442, no. 7106 (Aug. 2006): 1042–45, doi:10.1038/nature05051.

5. Charles B. Ferster and B. F. Skinner, *Schedules of Reinforcement* (New York: Appleton-Century-Crofts, 1957).

6. G. S. Berns, S. M. McClure, G. Pagnoni, and P. R. Montague, "Predictability Modulates Human Brain Response to Reward," *Journal of Neuroscience* 21, no. 8 (April 2001): 2793–98.

7. L. Aharon, N. Etcoff, D. Ariely, C. F. Habris, et al., "Beautiful Faces Have Variable Reward Value: fMRI and Behavioral Evidence," *Neuron* 32, no. 3 (Nov. 2001): 537–551.

8. A. Bandura, *Social Foundations of Thought and Action: A Social Cognitive Theory* (Englewood Cliffs, NJ: Prentice Hall, 1986).

9. A. Bandura, *Self-Efficacy: The Exercise of Self-Control* (New York: W. H. Freeman, 1997).

10. "Why Humanizing Players and Developers Is Crucial for League of Legends" (accessed Nov. 12, 2013), http://www.gamasutra.com/view/news/36847/Why_Humanizing_Players_And_Developers_Is_Crucial_For_League_of_Legends.php.

11. Christian Nutt, "League of Legends: Changing Bad Player Behavior with Neuroscience," Gamasutra (accessed Nov. 12, 2013), http://www. gamasutra.com/view/news/178650/League_of_Legends_Changing_bad_ player_behavior_with_neuroscience.php#.URj5SVpdccs.

12. Katharine Milton, "A Hypothesis to Explain the Role of MeatEating in Human Evolution," *Evolutionary Anthropology: Issues, News, and Reviews* 8, no. 1 (1999): 11–21, doi:10.1002/(SICI)1520-6505(1999)8:1<11::AID-EVAN6>3.0.CO;2-M.

13. Alok Jha, "Stone Me! Spears Show Early Human Species Was Sharper Than We Thought," *Guardian* (Nov. 15, 2012), http://www.theguardian. com/science/2012/nov/15/stone- spear-early-human-species.

14. Robin McKie, "Humans Hunted for Meat 2 Million Years Ago," *Guardian* (Sept. 22, 2012), http://www.theguardian.com/science/2012/sep/23/ human- hunting- evolution- 2million-years.

15. Daniel Lieberman, "The Barefoot Professor: By Nature Video" (2010), http://www.youtube.com/watch?v=7jrnj-7YKZE.

16. Gary Rivlin, "Slot Machines for the Young and Active," *New York Times* (Dec. 10, 2007), http://www.nytimes.com/2007/12/10/business/10slots. html.

17. Kara Swisher and Liz Gannes, "Pinterest Does Another Massive Funding—$225 Million at $3.8 Billion Valuation (Confirmed)," *All Things Digital* (accessed Nov. 12, 2013), http://allthingsd.com/20131023/ pinterest- does- another- massive- funding- 225-million-at-3-8- billion-valuation.

18. B. Zeigarnik, "Uber das Behalten yon erledigten und underledigten Handlungen." *Psychologische Forschung* 9 (1927): 1–85.

19. Edward L. Deci and Richard M. Ryan, "Self-determination Theory: A Macrotheory of Human Motivation, Development, and Health," *Canadian Psychology/Psychologie Canadienne* 49, no. 3 (2008): 182–85, doi:10.1037/a0012801.

20. Alexia Tsotsis and Leena Rao, "Mailbox Cost Dropbox Around $100 Million," *TechCrunch* (accessed Nov. 29, 2013), http://techcrunch.com/2013/03/15/mailbox- cost- dropbox- around-100-million.

21. Quantcast audience profile for mahalo.com (according to Jason Calcanis), Quantcast.com (accessed June 19, 2010), https://www.quantcast.com/mahalo.com.

22. Graham Cluley, "Creepy Quora Erodes Users' Privacy, Reveals What You Have Read," *Naked Security* (accessed Dec. 1, 2013), http://nakedsecurity.sophos.com/2012/08/09/creepy- quora-erodes-users-privacy-reveals-what-you-have-read.

23. Sandra Liu Huang, "Removing Feed Stories About Views," Quora (accessed Nov. 12, 2013), http://www.quora.com/permalink/gG922bywy.

24. Christopher J. Carpenter, "A Meta-analysis of the Effectiveness of the 'But You Are Free' Compliance-Gaining Technique," *Communication Studies* 64, no. 1 (2013): 6–17, doi:10.1080/10510974.2012.727941.

25. Juho Hamari, "Social Aspects Play an Important Role in Gamification,"

Gamification Research Network (accessed Nov. 13, 2013), http:// gamification-research.org/2013/07/social-aspects.

26. Josef Adalian, "Breaking Bad Returns to Its Biggest Ratings Ever," *Vulture* (accessed Nov. 13, 2013), http://www.vulture.com/2013/08/ breaking-bad-returns-to- its-biggest-ratings-ever.html.

27. Mike Janela, "Breaking Bad Cooks up Record-breaking Formula for Guinness World Records 2014 Edition," *Guinness World Records* (accessed Nov. 13, 2013), http://www.guinnessworldrecords.com/news/2013/9/ breaking- bad- cooks-up- record- breaking-formula-for-guinness-world-records-2014-edition-51000.

28. Geoff F. Kaufman and Lisa K. Libby, "Changing Beliefs and Behavior through Experience-Taking," *Journal of Personality and Social Psychology* 103, no. 1 (July 2012): 1–19, doi:10.1037/a0027525.

29. C. J. Arlotta, "CityVille Tops FarmVille's Highest Peak of Monthly Users," *SocialTimes* (accessed Nov. 13, 2013), http://socialtimes.com/ cityville-tops- farmvilles- highest- peak-of- monthly- users_b33272.

30. Zynga, Inc., Form 10-K Annual Report, 2011 (San Francisco: filed Feb. 28, 2012), http://investor.zynga.com/secfiling.cfm?filingID=1193125-12-85761&CIK=1439404.

31. Luke Karmali, "Mists of Pandaria Pushes Warcraft Subs over 10 Million," *IGN* (Oct. 4, 2012), http://www.ign.com/articles/2012/10/04/mists-of-pandaria- pushes- warcraft- subs- over-10-million.

Part 5

1. "Taiwan Teen Dies After Gaming for 40 Hours," *The Australian* (accessed Nov. 13, 2013), http://www.theaustralian.com.au/news/latest- news/taiwan- teen- dies- after- gaming- for-40-hours/story-fn3dxix6-1226428437223.

2. James Gregory Lord, *The Raising of Money: 35 Essentials Trustees Are Using to Make a Difference* (Seattle: New Futures Press, 2010).

3. Robert B. Cialdini, *Influence: The Psychology of Persuasion* (New York: HarperCollins, 2007).

4. Michael I. Norton, Daniel Mochon, and Dan Ariely, *The "IKEA Effect": When Labor Leads to Love* (SSRN Scholarly Paper, Rochester, NY), Social Science Research Network. (March 4, 2011), http://papers.ssrn.com/abstract=1777100.

5. J. L. Freedman and S. C. Fraser, "Compliance Without Pressure: The Foot-in- the-Door Technique," *Journal of Personality and Social Psychology* 4, no. 2 (1966): 196–202.

6. "Jesse Schell @ DICE2010 (Part 2)," (2010), http://www.youtube.com/watch?v=pPfaSxU6jyY.

7. B. J. Fogg and C. Nass, "How Users Reciprocate to Computers: An Experiment That Demonstrates Behavior Change," in *Proceedings of CHI* (ACM Press, 1997), 331–32.

8. Jonathan Libov, "On Bloomberg: 'You could code Twitter in a day. Then you'd just need to build the network and infrastructure.' Didn't know it was so easy!," Twitter, @libovness (Nov. 7, 2013), https://twitter.com/

libovness/status/398451464907259904.

9. Andrew Min, "First Impressions Matter: 2690 of Apps Downloaded in 2010 were used Just Once," *Localytics* (accessed July 23, 2014), http://www.localytics.com/blog/2011/first-impressions-matter-26-percent-of- apps-downloaded-used-just-once.

10. Peter Farago, "App Engagement: The Matrix Reloaded," *Flurry* (accessed Nov. 13, 2013), http://blog.flurry.com/bid/90743/App-Engagement-The-Matrix-Reloaded.

11. Anthony Ha, "Tinder's Sean Rad Hints at a Future Beyond Dating, Says the App Sees 350M Swipes a Day," *TechCrunch* (accessed Nov. 13, 2013), http://techcrunch.com/2013/10/29/sean-rad-disrupt.

12. Stuart Dredge, "Snapchat: Self-destructing Messaging App Raises $60M in Funding," *Guardian* (June 25, 2013), http://www.theguardian.com/technology/appsblog/2013/jun/25/snapchat-app-self-destructing-messaging.

13. Kara Swisher and Liz Gannes, "Pinterest Does Another Massive Funding—$225 Million at $3.8 Billion Valuation (Confirmed)," *All Things Digital* (accessed Nov. 13, 2013), http://allthingsd.com/20131023/pinterest- does- another- massive- funding- 225-million-at-3-8- billion-valuation/.

Part 6

1. 행동 설계의 윤리적 문제와 관련해 보다 자세한 내용은 다음을 참고하

길 바란다. Richard H. Thaler, Cass R. Sunstein, and John P. Balz, "Choice Architecture" (SSRN Scholarly Paper, Rochester, New York), *Social Science Research Network,* (April 2, 2010), http://papers.ssrn.com/abstract=1583509.

2. Charlie White, "Survey: Cellphones vs. Sex—Which Wins?," *Mashable* (accessed), http://mashable.com/2011/08/03/telenav-cellphone-infographic.

3. Ian Bogost, "The Cigarette of This Century," *Atlantic* (June 6, 2012), http://www.theatlantic.com/technology/archive/2012/06/the-cigarette-of- this-century/258092/.

4. David H. Freedman, "The Perfected Self," *Atlantic* (June 2012), http://www.theatlantic.com/magazine/archive/2012/06/the-perfected-self/308970/.

5. Paul Graham,"The Acceleration of Addictiveness," *Paul Graham* (July 2010; accessed Nov. 12, 2013), http://www.paulgraham.com/addiction.html.

6. Gary Bunker, "The Ethical Line in User Experience Research," *mUmBRELLA* (accessed Nov. 13, 2013), http://mumbrella.com.au/the-ethical-line-in- user-experience-research-163114.

7. Chris Nodder, "How Deceptive Is Your Persuasive Design?" *UX Magazine* (accessed Nov. 13, 2013), https://uxmag.com/articles/how-deceptive-is-your-persuasive-design.

8. "Nurturing Self-help Among Kenyan Farmers," *GSB in Brief* (accessed Dec. 1, 2013), http://www.gsb.stanford.edu/news/bmag/sbsm0911/ss-kenyan.html.

9. David Stewart, *Demystifying Slot Machines and Their Impact in the United States,* American Gaming Association (May 26, 2010), http://www.americangaming.org/sites/default/files/uploads/docs/whitepapers/demystifying_slot_machines_and_their_impact.pdf.

10. Michael Shermer, "How We Opt Out of Overoptimism: Our Habit of Ignoring What Is Real Is a Double-Edged Sword," *Scientific American* (accessed Nov. 13, 2013), http://www.scientificamerican.com/article.cfm?id=opting-out-of-overoptimism.

11. Jason Tanz, "The Curse of Cow Clicker: How a Cheeky Satire Became a Videogame Hit," *Wired,* (accessed Nov. 13, 2013), http://www.wired.com/magazine/2011/12/ff_cowclicker.

12. Ian Bogost, "Cowpocalypse Now: The Cows Have Been Raptured," Bogost.com (accessed Nov. 13, 2013), http://www.bogost.com/blog/cowpocalypse_now.shtml

Part 7

1. "On Fifth Anniversary of Apple iTunes Store, YouVersion Bible App Reaches 100 Million Downloads: First-Ever Survey Shows How App Is Truly Changing Bible Engagement," *PRWeb* (July 8, 2013), http://www.prweb.com/releases/2013/7/prweb10905595.htm.

2. Alexia Tsotsis, "Snapchat Snaps Up a $80M Series B Led by IVP at an $800M Valuation," *TechCrunch* (accessed Nov. 13, 2013), http://techcrunch.com/2013/06/22/source- snapchat- snaps-up- 80m-from-ivpat-a- 800m-valuation.

3. YouVersion infographics (accessed Nov. 13, 2013), http://blog.youversion. com/wp-content/uploads/2013/07/themobilebible1.jpg.

4. Henry Alford, "If I Do Humblebrag So Myself," *New York Times* (Nov. 30, 2012), http://www.nytimes.com/2012/12/02/fashion/bah-humblebrag-the-unfortunate-rise-of- false-humility.html.

5. Diana I. Tamir and Jason P. Mitchell, "Disclosing Information About the Self Is Intrinsically Rewarding," *Proceedings of the National Academy of Sciences* (May 7, 2012): 201202129, doi:10.1073/pnas.1202129109.

Part 8

1. Mattan Griffel, "Discovering Your Aha! Moment," *GrowHack* (Dec. 4, 2012), http://www.growhack.com/2012/12/04/discovering-your-aha-moment.

2. Paul Graham, "Schlep Blindness," *Paul Graham* (Jan. 2012), http://paulgraham.com/schlep.html.

3. Joel Gascoigne, "Buffer October Update: $2,388,000 Annual Revenue Run Rate, 1,123,000 Users," *Buffer* (Nov. 7, 2013), http://open.bufferapp. com/buffer- october- update- 2388000-run-rate-1123000-users.

4. Tessa Miller, "I'm Joel Gascoigne, and This Is the Story Behind Buffer," *Life Hacker* (accessed Nov. 13, 2013), http://www.lifehacker.co.in/technology/Im- Joel- Gascoigne- and- This-Is- the-Story-Behind-Buffer.

5. Nancy Martha West, *Kodak and the Lens of Nostalgia* (Charlottesville: The University Press of Virginia, 2000).

6. G. Cosier and P. M. Hughes, "The Problem with Disruption," *BT Technology* 19, no. 4 (Oct. 2001): 9.

7. Clifford A. Pickover, *Time: A Traveler's Guide* (New York: Oxford University Press, 1998).

8. Clifford Stoll, "The Internet? Bah!" *Newsweek* (Feb. 27, 1995), http://www. english.illinois.edu/- people-/faculty/debaron/582/582%20readings/stoll. pdf.

9. Mike Maples Jr., "Technology Waves and the Hypernet," *Roger and Mike's Hypernet Blog* (accessed Nov. 13, 2013), http://rogerandmike.com/ post/14629058018/technology- waves- and- the-hypernet.

10. Paul Graham, "How to Get Startup Ideas." *Paul Graham* (Nov. 2012), http://paulgraham.com/startupideas.html.

훅
습관을 만드는 디자인

초판 발행일 2022년 5월 18일
1판 3쇄 2024년 8월 8일
펴낸곳 유엑스리뷰
발행인 현호영
지은이 니르 이얄
옮긴이 조자현
편 집 김민정
주 소 서울시 마포구 월드컵북로58길 10, 더팬빌딩 9층
팩 스 070.8224.4322
이메일 uxreviewkorea@gmail.com

ISBN 979-11-92143-24-8